LE VOILE NOIR

DU MÊME AUTEUR

aux éditions du Seuil

L'Admiroir
roman, 1976
et « Points Roman », n° R 219

Le Nez de Mazarin
roman, 1986
et « Points », n° P 86

Le Voile noir
1992

Je vous écris
1993
et « Points », n° P 147

*

Lucien Legras, photographe inconnu
présentation de Patricia Legras
et Anny Duperey
1993

Anny Duperey

LE VOILE NOIR

Photographies de Lucien Legras

Éditions du Seuil

TEXTE INTÉGRAL

ISBN 2-02-023153-0
(ISBN 2-02-014746-7, 1re publication)

Je sais que ce que je dis est signe une fois pour toutes d'un anéantissement une fois pour toutes. Je ne retrouverai jamais, dans mon ressassement même, que l'ultime reflet d'une parole absente à l'écriture ; le scandale de leur silence et de mon silence... J'écris. J'écris parce que nous avons vécu ensemble. J'écris parce qu'ils ont laissé en moi leur marque indélébile et que la trace en est l'écriture.

L'écriture est le souvenir de leur mort et l'affirmation de ma vie.

GEORGES PEREC
W ou le Souvenir d'enfance

J'avais pensé, logiquement, dédier ces pages à la mémoire de mes parents – de mon père, surtout, l'auteur de la plupart de ces photos, qui sont la base et la raison d'être de ce livre.

Curieusement, je n'en ai pas envie.

J'en suis surprise. Mais je suppose que d'autres surprises m'attendent dans cette aventure hasardeuse que j'entreprends. On ne s'attaque pas impunément au silence et à l'ombre depuis si longtemps tombés sur ce qui a disparu.

Non, je n'en ai pas envie. Leur dédier ce livre me semble une coquetterie inutile et fausse. Je n'ai jamais déposé une fleur sur leur tombe, ni même remis les pieds dans le cimetière où ils sont enterrés, pourquoi ferais-je aujourd'hui l'offrande de ces pages au vide ?

Mon père fit ces photos. Je les trouve belles. Il avait, je crois, beaucoup de talent. J'avais depuis des années l'envie de les montrer. Parallèlement, montait en moi la sourde envie d'écrire, sans avoir recours au masque de la fiction, sur mon enfance coupée en deux. Ces deux envies se sont tout naturellement rejointes et justifiées l'une l'autre. Car ces photos sont beaucoup plus pour moi que de belles images, elles me tiennent lieu de mémoire. Je n'ai aucun souvenir de mon père et de ma mère. Le choc de leur disparition a jeté sur les années qui ont précédé un voile opaque, comme si elles n'avaient jamais existé.

Si au début de ce livre, où paradoxalement je ne vais faire qu'une chose : tendre vers eux, je leur refuse le statut d'existants – Où ? Comment ? Sous quelle forme ? –, c'est sans doute à cause de ce sentiment que ma vie a commencé le jour de leur mort. Il ne me reste rien d'avant, d'eux, que ces images en noir et blanc. L'usage que j'en fais ne les concerne donc pas plus que ce que je suis devenue. Sans doute aussi parce que, obscurément, je leur en veux d'avoir disparu si jeunes, si beaux, sans l'excuse de la maladie, sans même l'avoir voulu, si bêtement, quasiment par inadvertance. C'est impardonnable.

C'est pourquoi avant de tenter d'écrire en marge de ces photos je vais une dernière fois – comme je l'ai désespérément fait jusque-là – me détourner de la blessure qu'ils m'ont laissée à la place de leur amour et m'adresser à ce qui me reste de plus proche, à l'autre survivante, à ma plus semblable au monde, ma sœur, qui a eu, je crois, encore plus de mal que moi à vivre avec leur absence.

A Pitou, donc.

Il n'est nulle douleur que le temps n'apaise.

Auteur inconnu et
très certainement mort.
Dommage. J'aurais aimé
lui demander :
combien de temps ?

La commode-sarcophage

Chez moi, au milieu de la maison, il y a une commode à trois tiroirs. Elle n'est pas reléguée dans un coin ou contre un mur, elle est vraiment au milieu. Elle sert de cloisonnement entre un canapé et le piano. Nous y posons le courrier, nos verres, les enfants leurs jouets.

Dans le premier tiroir il y a les partitions musicales et dans le deuxième tout le petit fouillis domestique dont on ne sait que faire.

Le troisième tiroir, tout en bas, je ne l'ouvrais jamais. Il contenait les négatifs des photos de mon père, rangés dans de petites boîtes en carton étiquetées par lui-même pour les négatifs souples, et dans de longues boîtes en bois de sa fabrication pour les plaques photographiques en verre.

Il y a près de vingt ans, lors d'un déménagement, elles furent récupérées par ma sœur dans un grenier familial rouennais où elles avaient été oubliées. Elle me dit un jour : « J'ai récupéré les photos de papa. » Petit pincement au cœur. J'avais le souvenir de certains tirages accrochés aux murs de la maison d'un oncle et chez ma tante, mais j'ignorais qu'il subsistait des négatifs. « Bien », dis-je. Et le silence retomba sur cela, comme il était tombé depuis si longtemps sur EUX.

Elle garda pendant quelques années les petites boîtes bien rangées dans le coin d'un autre grenier, puis sa vie la poussant à changer souvent d'endroit en laissant tout derrière elle, elle me les apporta un jour.

Le tout tenait dans un sac, pas très grand mais très lourd à cause des plaques en verre et de leurs boîtes en bois. Nous le contemplâmes à nos pieds – petit objet d'une terrible densité pour nous seules, trésor intact rescapé de la catastrophe. Les petites boîtes contenaient les images témoins d'années oubliées par moi et ignorées d'elle, puisque née quelques mois avant leur mort. Il y avait là-dedans des photos professionnelles, mais sans doute aussi des photos de famille, de nos parents, leurs visages et leurs sourires figés sur les négatifs. Personne ne les avait touchés depuis que les mains de mon père les avaient glissés dans leurs enveloppes de papier cristal. Tout ce qui nous restait d'eux était là. Intact.

Nous ressentions une émotion, mêlée de respect et d'appréhension, comparable à celle, peut-être, des archéologues devant la momie qu'ils ont exhumée. Retirer les bandelettes ? Ou laisser le tout en l'état, inviolé ? Il ne s'agissait pas là, bien sûr, d'os et de peau, mais du symbole en noir et blanc de ce qui n'était plus. Mais ce que trouvent les archéologues ne vient pas de leur père et Néfertiti n'est pas leur maman...

Nous avons regardé l'écriture décolorée précisant les dates, les lieux – laconisme professionnel d'homme soigneux. La tentation nous poussa à tendre quelques négatifs devant une lampe pour deviner ce qu'ils représentaient. Un paysage, un bord de Seine... Rassurées par leur impersonnalité, nous ouvrîmes une autre boîte. Quand des visages nous apparurent, sourires noirs et yeux blancs sur la gélatine, nous rangeâmes le tout et les boîtes furent refermées.

Ayant un métier qui me retenait le plus souvent à Paris, et par nature plus sédentaire, il fut décidé que j'en serais la gardienne.

Quelque temps plus tard, m'étant mise moi-même à la photo et au développement à domicile, j'eus le projet d'échanger mon vieil agrandisseur contre un appareil multiformat qui me permettrait de développer ces photos, car les négatifs, carrés pour la plupart, sont d'une taille peu usitée actuellement.

J'y pensais, j'y pensais, et ne le fis bien sûr jamais.

Et la vie continua, la vie bonne. L'homme que j'aime avec moi, le théâtre où vivre de petites vies parallèles, des amis sûrs, et les enfants qui arrivent...

Les négatifs dormaient, les années passaient.

Périodiquement, nous reparlions des petites boîtes avec ma sœur sans jamais céder à l'envie de les ouvrir à nouveau. L'appréhension était toujours la plus forte. Un jour, elle arriva à la maison avec quelques nouvelles traces du passé dans son sac. Un nettoyage plus approfondi du dernier grenier où avaient séjourné les photos avait mis au jour cette fois trois papiers : les cartes d'identité de nos parents et un livret de famille. Il fut à peine entrouvert avant d'être hâtivement posé sur les autres reliques, et le tiroir (j'allais écrire le « sarcophage ») fut refermé. Il contient aussi une lettre, dont je parlerai peut-être plus tard.

Un an. Deux ans... Les enfants grandissaient. Mon fils faisait rouler des petites voitures sur la commode, ma fille s'y accrochait pour commencer à marcher.

M'intéressant toujours à la photo – consciente tout de même que cet intérêt périphérique pour ce que quelqu'un a nommé « les images fixées de la mort en marche » allait m'amener tôt ou tard à l'ouverture du fameux tiroir – je rencontrai un jour un éminent spécialiste du tirage noir et blanc et lui parlai, entre autres choses, des petites boîtes. Homme sensible, il comprit tout de suite quelle charge émotionnelle elles contenaient pour moi, et je les lui confiai. Je parle de lui, car c'est son humanité et sa délicatesse qui me poussèrent à sauter le pas du négatif au positif – sans jeu sur le sens des mots... Je ne m'y serais pas décidée face à quelqu'un de sèchement professionnel. Il partit donc avec un petit sac de nouveau pas très grand mais très lourd, et quelques mois passèrent où, en dehors de ses heures de travail, aidé de son assistante, il développa tout ceci avec infiniment de soin. La chose me revint sous forme de classeurs où s'alignaient les paysages, les bords de Seine et aussi les sourires aux dents non plus noires mais bien blanches.

Le tout posé sur la table entre nous il m'assura de la qualité des photos, de leur beauté aussi. Son avis, purement professionnel cette fois, m'importait, car prenait forme dans ma tête le vague projet de les montrer un jour.

Quand il fut parti, je restai un long moment pensive devant les classeurs. Je les laissai là quelques jours, puis ils furent déplacés sur un meuble, puis un autre, encombrants. Je ne me décidais pas à les ouvrir... Et j'ose à peine le dire tant la chose peut paraître puérile : ils prirent le chemin du tiroir sans que j'aie regardé ce qu'ils contenaient et y restèrent enfermés avec les négatifs pendant encore un an.

Les enfants, la vie, une nouvelle pièce, les vacances, le manque de temps, tout m'était bon pour ajourner une nouvelle exhumation. Je crois que seuls les gens ayant vécu quelque chose d'approchant peuvent ne pas rire de cette sorte de paralysie, sentiment atone sans larmes et sans grandiloquence qui vous retient la main, tout simplement. Puis, tous les pas ayant été faits pour rendre la chose inévitable, un moment vient où les tergiversations vous semblent à vous-même ridicules.

Je ne m'appesantirai pas plus sur ces détails puisque ce livre prouve que je les ai non seulement regardées mais triées, choisies – un choix personnel un peu à l'emporte-pièce qui a peut-être écarté certaines images d'une valeur photographique supérieure mais qui me « parlaient » moins.

C'est en faisant ce choix, et m'interrogeant sur l'intérêt très relatif d'une publication des œuvres d'un photographe mort inconnu depuis plus de trente ans que se fit jour ce vers quoi je tendais : je devais joindre à ces photos la résonance qu'elles éveillaient en moi.

Ces projets-là, si personnels, ni roman ni biographie, mettent du temps à trouver leur forme. On ne peut arbitrairement les définir. Celui-là est composé d'éléments sur lesquels j'ai peu de pouvoir : les photos qui ne sont pas de moi, que j'ai reçues et non pas faites, et mes sentiments et réactions dont je ne suis pas maîtresse. La décision même de s'y atteler n'est pas non plus du ressort de ma volonté, c'est un besoin qui s'est fait jour après un long chemin. Je soupçonnais depuis longtemps que j'éprouverais un jour ce besoin d'écrire sur mon enfance coupée en deux.

Incapable d'entamer un troisième roman, impuissante à me lancer dans un nouveau scénario, je supposais que la fabrication d'une fiction m'échappait parce que j'avais un livre en travers du cœur et qu'il faudrait que tôt ou tard j'en passe par lui, que j'écrive au JE sans la couverture d'un personnage. Ces photos que je trouve belles et qui sont les témoins d'un versant oublié de ma vie m'y ont poussée.

Ayant reconnu et accepté le besoin, d'autres questions – tergiversations ? – m'ont assaillie...

Les comédiens – du moins ceux du « genre » auquel j'appartiens – ressentent impérativement le besoin du masque. Même, et dans mon cas SURTOUT, en écrivant. Se servir de soi, de tout en soi, certes, mais ne pas donner les clés... Il s'agit là, bien au-delà de la pudeur ou de la discrétion, de la sauvegarde d'une intégrité personnelle alors que tout le reste est offert aux regards ou aux jugements. Quelle nécessité me pousserait donc, moi qui gardais si farouchement jusque-là mon image publique à l'écart de mes faiblesses, à écrire autour de l'événement qui a marqué mon enfance ?

Je ne sais pas. Je ne sais pas, le but m'est encore inconnu. J'y vais à tâtons, au jugé. Le BESOIN est aveugle... Mais s'il se fait ressentir, pourquoi ne pas « faire le point » chez moi, à l'abri ?

Ce n'est pas si simple. Je crois que l'épanchement solitaire, écrit ou non, est à peu près stérile et sert avant tout à se soulager ou, pire, à entretenir de vieilles douleurs, voire à les envenimer. On tourne en rond, on se ment, on s'arrange si bien avec soi-même...

Mais si je dois partager tout cela, pourquoi alors n'avoir pas choisi un ami cher, mon compagnon ou une personne de ma famille pour ce faire ? Même un professionnel, pourquoi pas ?

Il m'apparut – et ceci est très nouveau pour moi car j'ai toujours cru le contraire – que mon sentiment d'impudeur serait plus fort dans l'intimité, et aussi la tentation de fuite. Le public, ou l'idée d'être lu, oblige à une tentative honnête (j'ai un tempérament honnête) de lucidité. Et surtout à un effort de dignité dans la forme. Le souvenir auquel je m'attaque peut encore à certaines heures me jeter à terre et m'arracher des sanglots d'enfant – il le pourra peut-être jusqu'à la fin de mes jours – mais pour le partager avec des inconnus, avec d'autres sensibilités anonymes, je dois être mentalement debout. « De la tenue, disait Arletty, en toutes circonstances... » Jolie devise que je dois, c'est le moment où jamais, prendre à mon compte. C'est ainsi que ce qui me déchire le cœur pourra sans doute paraître d'une grande froideur. C'est une défense naturelle que j'ai tant utilisée que je m'attends déjà à la retrouver en filigrane dans mes futures pages.

Restaient à balayer mes scrupules intimes et les questions oiseuses quant à l'intérêt de la chose pour d'autres que moi-même – tous les livres n'ont-ils pas été écrits et tous les paysages peints ou photographiés ?

C'est pour toutes ces raisons qui n'en sont pas, poussée par un besoin indéfini vers un but incertain, avec pour seul appui la conviction un peu paysanne que les choses arrivent en temps et heure que j'empoignai ce matin mon stylo, avec aussi le garde-fou, l'idée rassurante, il faut bien le dire, qu'une fois mon effort de lucidité verticale accompli je pourrais toujours ranger ces pages à l'abri des regards en même temps que les photos, dans le fameux tiroir, par exemple...

Et me voilà revenue au troisième tiroir de la commode-sarcophage. La chose est presque comique : il faut que je l'ouvre à nouveau.

Je dois y pêcher le livret de famille car un détail m'échappe : j'ai oublié la date de leur mort. Je devrais dire pour être plus juste que je l'ai effacée, on n'oublie pas une chose pareille.

Nouvelles tergiversations. Le petit carnet jauni reste des semaines dans mes papiers.

Pendant ce temps, je contemple les photos, j'hésite, je recule. La tentation est grande de fourrer le tout à nouveau dans le tiroir.

Bien sûr, ce détail n'a aucune importance en lui-même.

Je pourrais fort bien rester dans un approximatif qui m'éviterait le geste. Ou bien le demander à ma sœur. Ça n'est pas la même chose. De la même manière, je ne veux demander de renseignements sur eux à personne, ni traits de caractère, ni précisions de lieux. Je voudrais rendre compte, sans rien emprunter, de ce qu'ils m'ont laissé. La tâche sera dure et ingrate : il ne me reste presque rien...

C'est peut-être pourquoi je m'obstine à devoir regarder ce bout de papier qui n'a d'autre valeur que celle d'être la trace officielle, tangible et écrite, de leur existence et de leur disparition.

Le carnet est à présent ouvert devant moi. Je suis frappée par son admirable concision dans le résumé de la vie – dates de naissance, date de mariage, dates de décès. Point. S'ensuivent les dates de naissance de moi-même et de ma sœur, nos dates de décès étant restées en blanc, évidemment. Elles ne seront jamais remplies, le noyau familial ayant pour ainsi dire explosé, ce livret n'a plus de raison d'être – sauf celle, très amère, d'être entre mes mains aujourd'hui.

Je peux donc, puisque je me le suis fixé, écrire que Lucien Legras et son épouse Ginette sont morts le 6 novembre 1955 à 11 heures du matin. Nés à quelques mois d'intervalle, ils étaient tous deux dans leur trentième année.

Ma sœur avait à peine six mois et moi huit ans et demi. (Que ceux qui aiment faire les comptes les fassent.)

Ils ne sont pas morts ensemble volontairement, c'était un accident. Non pas bruyant et spectaculaire – pas de ferraille tordue, pas de choc, pas de sang, pas de traces de violence. C'était une mort silencieuse, la mort qui « cueille » en douce, qui laisse les corps beaux et intacts, comme endormis : l'asphyxie.

Nous avions emménagé depuis peu dans le pavillon tout neuf qu'ils avaient fait construire dans la banlieue de Rouen. Tout neuf et trop hâtivement fini : il n'y avait pas de bouche d'aération dans la salle de bains.

Ils furent prévenus du danger par deux fois – des personnes de la famille prenant une douche chez nous avaient été saisies de malaise. Un plombier voisin fut alerté mais, surchargé de travail ou oublieux du problème, il passa chaque jour devant la maison sans s'arrêter.

Qu'importe, on s'installait joyeusement, la belle saison était là, l'insouciance et la température douces, il suffisait de laisser la fenêtre entrouverte.

Puis l'automne arriva. Un dimanche matin – c'était un dimanche, de cela je me souviens, nous allions déjeuner chez ma marraine –, il faisait froid, trop froid pour faire sa toilette fenêtre ouverte. Ils la fermèrent, et l'oxyde de carbone n'a pas d'odeur.

Ma petite sœur dormait sagement dans son berceau près de leur lit, et moi je flânais dans le mien.

Je ne dois ma survie qu'à la désobéissance : refusant de venir me laver, sourde aux appels répétés de mes parents, je m'étais douillettement rendormie.

Le réveil fut plus dur.

Je n'irai pas plus avant pour l'instant. Je voudrais simplement regarder ces photos, écouter ce qu'elles me disent – si toutefois elles peuvent me parler. Je n'en sais rien.

Sinon je me tairai. Je me tairai encore…

Que faire d'autre ?

Le Robec

Jusqu'au jour de l'emménagement dans le pavillon fatal, nous avions vécu chez mes grands-parents maternels, avec la sœur et le jeune frère de ma mère – beaucoup de monde à se partager trop peu de pièces.

Dans mon absence de souvenirs « d'avant », ni visages ni scènes familiales, je garde une vision assez précise de cette maison et de l'ambiance qui y régnait comme d'un véritable lieu de vie. Encore que je puisse mal départager mes impressions personnelles et ce qui me fut raconté par la suite. Mais ce flou entre mémoire réelle ou suggérée n'est-il pas le lot commun de beaucoup d'enfances ?

Cette maison se trouvait dans un bas-quartier ouvrier de Rouen dont il ne reste rien. Il fut entièrement détruit depuis pour insalubrité et vétusté extrême. L'envie me prendrait-elle d'y retourner pour rafraîchir mes souvenirs que je ne reconnaîtrais rien. Les immeubles neufs et alignés au carré ont remplacé les ruelles tortueuses bordées de maisons moyenâgeuses. Dans le caniveau, souvent encore situé au milieu de la rue, coulaient entre les pavés disjoints toutes les eaux ménagères – quelles qu'elles soient. Un de ces quartiers pittoresques à voir et abominables à vivre. Les vieilles maisons de torchis menaçaient de s'écrouler sur leurs dédales de cours malodorantes et d'escaliers pourris. On y trimbalait encore l'eau dans des seaux, de la pompe publique aux étages, laquelle une fois souillée repartait par la fenêtre.

Je ne me souviens pas du nom de la rue où nous habitions mais de celui de la rue voisine : la rue Eau-de-Robec. Le Robec (déjà horrible à prononcer) était une rivière immonde qui traversait le quartier et lui donnait son nom. S'y déversait un canal qui passait juste devant notre porte. Il charriait les déchets des Grands Moulins de Rouen et ceux des usines de tannage et de teinturerie qui encadraient notre maison. Le canal se teintant de bleu, de vert ou de rouge au hasard des produits chimiques utilisés et rejetés, c'était très gai. C'était même si fascinant pour des yeux d'enfant qu'il ne se passait pas de semaine sans que l'un d'eux ne tombe dedans, aucune barrière protectrice ne les retenant au bord de cette eau si chatoyante. Comment résister à la tentation de faire flotter un bateau de papier sur une rivière turquoise à défaut de voir la mer en rouge, comme le chante si joliment Guy Béart ? « Changer les couleurs du monde... » Ce devait être le souhait, plus âpre et sans poésie, de tous les habitants adultes de ce quartier de misère.

J'ai dû faire une visite, étant petite, à l'usine de teinturerie voisine. J'en garde une vision d'enfer. L'odeur et la chaleur étaient insupportables, le lieu noir étouffant, mal aéré. De quand datait cette construction en bois, presque sans ouvertures ? Je ne sais. Mais je ne crois pas que mes yeux d'enfant aient exagéré l'inconfort et l'insalubrité de l'endroit – au contraire. On franchissait des passerelles en planches au-dessus d'énormes cuves. De grandes échelles y étaient plongées dans un jus épais où trempaient des peaux, des tissus. Des hommes devaient sans doute descendre là-dedans pour les repêcher...

Un peu à l'écart des ruelles vétustes, nantis d'une maison presque entièrement pour nous, de l'eau courante et d'un jardin fermé d'un mur qui protégeait mes jeux d'enfant de la tentation colorée du Robec, nous devions faire figure de riches. Nous n'étions pas riches, pourtant, mais nous y vivions bien, et très joyeusement.

Je dis « presque entièrement pour nous » car nous ne louions que l'étage et une pièce donnant sur le jardin, le reste du rez-de-chaussée servant de cantine aux ouvriers de la teinturerie. Tout au fond de la cour, à côté d'une porte donnant directement dans l'usine, était installée une cuisine où officiait Marthe – la cuisinière de la cantine – sur des poêles à charbon. Dans un déluge de gamelles, elle touillait éternellement dans d'immenses bassines des pommes de terre aux haricots. Elle devait parfois faire autre chose (je le souhaite pour les estomacs de l'époque !), je ne me rappelle que cela, c'était délicieux. Elle m'en servait « en douce » de grandes platées avant que les ouvriers arrivent, et avant mon déjeuner familial. J'en garde une passion – réfrénée parce que dangereuse, paraît-il... – pour les haricots blancs trop cuits. Je les dégustais assise sur un tabouret près du poêle noir, replongeant la louche dans la bassine dès que j'avais fini. Rien n'était aussi bon que cette purée blanchâtre où surnageaient les germes, pareils à de tendres asticots. Il y en avait peut-être aussi, d'ailleurs...

Mes grands-parents dormaient dans la pièce du rez-de-chaussée, séparée de la cantine par l'escalier menant à l'étage, et qui donnait directement sur la cour. Il y avait de l'herbe, ma grand-mère y plantait des dahlias. Elle y élevait aussi des poules qui avaient libre accès à sa chambre en période de reproduction, car son amour pour les animaux ne supportait pas de voir ces petites bêtes couver dans le froid du dehors. Elle avait donc disposé quelques caisses pleines de paille autour de son lit, et je garde un « flash » émerveillé d'un poussin perçant sa coquille sur une courtepointe rose... Mon grand-père devait, je suppose, s'accommoder de la situation – et de l'odeur.

Ma grand-mère était couturière et travaillait à la maison. Au premier étage, la chambre de ma tante, dite « Toutoune », qui était secrétaire et donc absente toute la journée, était assez vaste pour servir d'atelier et de salon d'essayage. Un grand miroir était appuyé contre le mur du fond, un de ces miroirs bordés de plâtre doré rescapé de la démolition d'un château où il devait trôner au-dessus d'une cheminée. Il y traînait partout des tissus, des rubans, dont je faisais un large usage pour me déguiser. J'étais rarement, paraît-il, habillée « normalement ». Volaient derrière moi des capes, des traînes, et ma grand-mère passait souvent un temps fou à me confectionner sur mesure des robes de fée en papier crépon avec corsage, manches, pinces, volants, le tout étant détruit quelques heures plus tard.

En fait le superflu, tout ce qui pouvait amuser ou faire plaisir, était aussi important chez nous que les choses indispensables de la vie quotidienne. Il passait souvent avant les préoccupations ménagères – celle du maintien de la propreté de la maison, par exemple.

C'est ainsi qu'un jour (et d'autres, certainement), ma grand-mère qui était aussi une excellente pâtissière, sans doute excédée de m'avoir dans les jambes avec trop d'insistance, me mit un œuf dans une main, une poignée de farine dans l'autre et me dit : « Arrête de m'éluger ("fatiguer" en patois normand ou familial) et va donc faire un gâteau sur une chaise ! » Ce que je fis, sous l'œil horrifié de la personne qui me l'a raconté, et qui ne débarquait jamais pour une visite chez nous sans son éponge personnelle dans son sac... Mais ce laisser-aller ne touchait que les meubles et le sol. Nous étions très propres, chemisiers, jupes et pantalons repassés et sans taches. Il en était dans cette maison comme dans certains villages africains – on s'y ébahit de voir les femmes et les hommes d'une propreté exemplaire, vêtus de boubous blancs alors qu'ils vivent au ras du sol dans des maisons en terre, toutes choses se faisant dans des nuages de poussière. De la même manière, ma grand-mère et ses proches avaient cet art mystérieux d'être toujours impeccables dans une maison toujours sale.

Il faut dire que j'étais la seule enfant de la famille. Je devais être la reine, on me passait tout. Le jeune frère de ma mère, Claude, déjà adolescent, ne comptait plus tout à fait comme enfant.

De lui, je n'ai aucun souvenir précis, sauf peut-être d'avoir été la victime toute désignée de ses jeux de garçon quand ses copains d'école venaient jouer dans la cour de la maison. C'était l'âge où les cow-boys et les Indiens sont omniprésents. Il s'entraînait au lasso et je devais rester debout interminablement, les bras le long du corps, attendant d'être saucissonnée. Je me rappelle vaguement aussi avoir été attachée à un poteau de torture – qui était celui du poulailler – et que, la hache de guerre étant enterrée et les garçons envolés vers

d'autres sujets d'intérêt, j'étais restée attachée là, braillant de toutes mes forces, jusqu'à ce que ma grand-mère vienne me délivrer.

Où dormait-il, ce jeune oncle ? Je ne sais plus – comme je ne sais plus rien de lui, ne l'ayant jamais revu depuis plus de vingt ans... Peut-être dans une autre chambre, sous les combles ? C'est possible. Je ne sais plus.

Mes parents y avaient la leur, mansardée, toute petite, que je partageai avec eux jusqu'à l'âge de huit ans, jusqu'au départ.

Je me suis arrêtée d'écrire un long moment. Huit ans... Huit ans d'intimité extrême puisqu'ils dormaient, s'aimaient sans doute quand le sommeil m'avait fermé les yeux, à deux pas de moi, et pas le souvenir d'une main, d'un câlin, d'un mot murmuré à l'oreille. Rien. Pas une silhouette. Même pas une ombre.

Pourtant je reconnais la fenêtre sur la photo, le voilage démodé, le store. Oui, c'est bien la fenêtre de notre chambre. (J'ai eu du mal à écrire « notre ». Moi et puis qui ? Qui ?)

Que n'a-t-il photographié chaque pièce de la maison, chaque détail de notre vie. Cela m'aiderait peut-être... Les Japonais traquant toute chose de leur objectif auraient-ils une peur massive de l'amnésie ? Ce pourrait être une explication de ce tic national.

Mon père avait installé son laboratoire photo dans un réduit à côté de la petite chambre. J'y passais aussi de longs moments avec lui, dans l'ombre irréelle teintée de rouge. Ce n'est que beaucoup plus tard, quand je m'essayai moi-même au tirage, que me revint ce vague souvenir grâce à l'odeur du fixateur. C'est elle qui m'était restée. L'odeur si spéciale de l'hyposulfite m'a rappelé brusquement le lieu, la disposition des bacs, la lampe rouge et mon émerveillement devant le papier blanc qui s'imprime – mais c'est tout. De mon père lui-même, rien, obstinément rien. Même pas ses mains au-dessus du papier...

Ma mère ne travaillait pas. Je devais donc l'avoir sans arrêt à mes côtés, mis à part les heures de classe quand j'eus l'âge d'aller à l'école. D'elle dans la maison, d'elle avec moi, rien non plus...

Enfin, nous vivions là tous ensemble, travaillant, jouant, mangeant dans cet endroit bordélique et gai. « Ensemble » inclut également presque tous les chats du quartier, dont treize à demeure, avec lesquels nous jouions, dormions, mangions... Je garde quelques traces de cette époque joyeuse : mon chat actuel peut trôner au milieu de la table et pointer son nez dans l'assiette de mes enfants sans que j'aie la moindre réaction. Cela peut surprendre. Mais après tout j'ai moi-même partagé assiette et lit avec eux pendant des années sans qu'il m'arrive aucun mal.

Ma grand-mère avait sans doute une affinité particulière avec les chats, mais nul doute que si elle avait eu un chien – au vu de son comportement avec les poules – il n'aurait pas eu sa place au pied du lit ou sur le lit mais DANS le lit. Qui sait si une révolte de mon grand-père (qui se révoltait rarement) ne l'a pas empêchée d'aller jusque-là. Je n'en jurerais pas, mais c'est possible, c'est possible...

J'ai hérité d'elle une intimité physique avec les animaux que j'aime et le sentiment naturel qu'ils ont le droit de partager la vie de la maison à égalité avec les humains.

Oserai-je dire aussi, sans être impudique ou choquante, que je dois l'amorce de mon premier émoi physique, encore toute petite, à un chat couché entre mes jambes, ronronnant le nez au chaud ? Ce n'est pas une affaire.

Ma grand-mère n'était pas la seule à aimer intimement les animaux, toute la maisonnée partageait ce sentiment. Je me souviens d'une nuit folle où toute la famille s'était retrouvée en pyjama et chemise de nuit dans la rue, alertée par des miaulements désespérés. Était-ce un chat anonyme ou l'un des nôtres ? Aucune importance. Il était tombé dans le fameux canal du Robec. Accroché par les griffes au bord d'un tuyau d'égout, son corps pendait, à moitié immergé, et l'eau (pouvait-on appeler cette bouillie noirâtre de l'eau ?) s'écoulant rapidement vers la rivière qui devenait souterraine deux rues plus loin, il n'avait aucune chance de s'en sortir.

Quelqu'un – mon père ? mon oncle ? – solidement tenu par les pieds, pendu dans le vide au-dessus du Robec, tenta de l'atteindre, en vain. Le tuyau était trop loin du bord. Le chat miaulait de plus belle, à bout de résistance. Il y eut des cris, des courses, on dénicha je ne sais où (peut-être dans l'usine de teinturerie à laquelle nous avions accès par le fond du jardin) une grande échelle qui fut plongée dans le canal heureusement peu profond, et le chat fut sauvé.

De cela je me souviens, j'en suis sûre, et de la joie d'avoir tiré de là la petite bête. Mais qui était descendu sur l'échelle ? Je ne le sais pas. Aucun visage ne me revient.

J'ai totalement oublié mon grand-père, aussi. Pourtant il devait être là, ce soir comme tous les soirs. Je sais qu'il avait une passion pour le bricolage et que, génial réparateur de TSF, il dépannait pour le plaisir, par gentillesse, pour rien le plus souvent, les postes radio des voisins, des amis, et des amis des amis, jusque tard dans la nuit après son travail d'électricien.

Au calme dans son atelier, il fuyait sans doute aussi une domination évidente de sa femme dans la vie domestique. C'était une maison de femmes, dirigée par les femmes, où les hommes se retranchaient volontiers qui dans son atelier, qui dans son labo photo, la porte bien fermée...

C'est cette vie tribale qui finit peut-être par peser à mon père. A ma mère aussi, sans doute. Il est dans l'ordre sain des choses que les filles ne traînent pas éternellement dans les jupes de leur mère une fois mariées. On ne peut pas être toujours dehors et, rentrés au bercail, l'intimité conjugale devait être réduite, toute la famille à table et moi près du lit le soir.

Mon père commençait à avoir une renommée comme photographe, je grandissais, la petite chambre mansardée devenait bien exiguë, d'autant que s'annonçait un deuxième enfant. Il fallait prendre enfin son indépendance, partir. Il fallait partir...

On ne loua pas un appartement, on n'acheta pas une

vieille maison non plus. On se lançait dans la vie. On fit construire du neuf, du « pour longtemps », du définitif – c'est le cas de le dire.

Voilà. C'est tout.

J'ai eu beau faire des efforts, me creuser la tête, des huit premières années de ma vie ne me reste que ce que j'ai dit. Quelques pages autour du vague souvenir d'un quartier, de l'ambiance d'une maison et de quelques détails qui me furent pour la plupart rapportés par la suite.

Aucun visage, aucune parole, aucun trait de caractère de ceux qui furent mes proches. Ma mémoire a gommé tout l'humain de mon enfance. Rien d'EUX, surtout, comme s'ils n'avaient jamais existé. C'en est presque choquant. Moi, cela me choque de pouvoir écrire trois pages sur les chats et pas même trois lignes sur ceux qui m'ont mise au monde. Je savais bien que c'est à cette ombre que je m'attaquais en décidant d'écrire ce livre, mais j'espérais naïvement qu'ayant enfin tiré ces photos du tiroir où elles étaient enfermées il me reviendrait grâce à elles des bribes de souvenir, une petite part de ma vie avec eux. De ma vie, tout simplement. Je ne m'attendais pas à me retrouver si vite et si complètement impuissante.

Pourquoi avoir voulu me heurter à ce mur ? J'aurais dû laisser ces images dormir à jamais dans leur boîte – comme eux. Quelqu'un viendrait m'affirmer que cet homme et cette femme qui sourient en noir et blanc ne sont pas mes parents, il n'y aurait aucune certitude ancrée en moi qui me permette d'affirmer le contraire. Ils me sont inconnus. Et l'enfant qui sourit à leur côté me l'est aussi...

Je me sens pauvre, amputée. Arrivée au milieu – possible sinon probable – de ma vie, je voudrais, avant de pencher vers le deuxième versant, me connaître. Il me manque pour cela une part importante de moi-même, ma définition première. « Tout se joue avant six ans », dit-on. Avec son caractère propre mais aussi avec ce qu'on a hérité de son milieu et de ses parents. Quelle est ma part et quelle est la leur ? Que m'ont-ils transmis, à part leur amour, qui est lui-même devenu abstraction ?

C'est un phénomène classique, paraît-il, que ce « voile noir » sur ce qui a précédé un grand choc. Cette période d'oubli est parfois de courte durée... Je crois pouvoir affirmer, quelque trente ans plus tard, que ce n'est pas mon cas. Il peut se déchirer un jour, dit-on... A la faveur de quel apaisement ? Ou de quel nouveau choc ? Et de quel prix devrai-je payer mon enfance et leurs visages retrouvés ? De regrets plus déchirants ? A moins que l'heure ne soit venue de ne plus rien regretter...

Questions inutiles. Je dois donc garder cette impression que je suis née du matin où ils sont morts. Et puisqu'il a fallu qu'ils meurent jusque dans ma mémoire pour que je puisse vivre après, je suis bien obligée de croire que cette amnésie doit être charitable.

La famille dans le pré

J'aime beaucoup cette photo.

Elle représente toute ma famille paternelle réunie. C'est une toute simple, toute bête photo de famille, mais on sait dans toutes les familles combien elles sont difficiles à faire. Hormis les occasions de baptêmes et de mariages où tout le monde se retrouve figé sur le parvis d'une église, il manque toujours quelqu'un !

Ce jour-là, ma grand-mère avait avec elle ses deux filles, ses deux garçons, leurs conjoints et tous ses petits-enfants nés à ce jour. Je ne pense pas que ce soit un hasard qu'elle soit placée – de son propre chef, j'en suis sûre – à l'arrière-plan, tout en haut de la photo. Elle pouvait ainsi contempler tout son monde, tout ce qui était né d'elle, devant elle.

J'aime son sourire très doux, comme incertain, avec un pli un peu douloureux au coin des lèvres. Elle paraît goûter son bonheur avec une sorte de distance. Elle est là et loin à la fois, plus spectatrice que participante. Trop de malheurs, trop de deuils l'empêchaient sans doute d'être innocemment joyeuse. Son sourire me dit qu'elle n'est pas dupe de la durée des beaux jours et de tout ce bonheur étalé à ses pieds.

Et pourtant le soleil était éclatant, justement, ce jour-là, les fruits pendaient aux arbres, ses haricots bien alignés poussaient dru dans le potager si bien soigné derrière elle, les groseilles sans doute déjà récoltées et les pots de gelée rangés dans la remise. Tout était bon, doux, tout poussait, les petits-enfants aussi. Elle avait à son côté l'homme qui l'avait enfin rendue heureuse, et qui ne lui avait pas fait ses quatre enfants, nés de précédents mariages. Veuve déjà deux fois, elle allait voir mourir son dernier et bon mari quelques années plus tard, impuissante à le soulager d'une longue et terrible agonie. Ce jour-là, bien sûr, elle ne le savait pas...

Mon oncle, frère de mon père, si sérieux et mesuré, avait ôté son pantalon mais gardé sa cravate. Ce devait être après le déjeuner. Le repas et la chaleur avaient sans doute poussé les frères à défaire les ceintures.

Vite, on avait réuni tout le monde sur une vieille couverture avant que les uns et les autres ne s'égaillent çà et là pour une promenade, une partie de dominos ou une sieste. Avant aussi que les enfants n'aient défraîchi leur tenue du dimanche en dévalant le pré avec des galipettes, dont la dernière s'achevait les jambes dans la haie, tout en bas.

Assise devant mon oncle, l'œil sombre en attendant que « ça passe », j'ai le nœud dans les cheveux de guingois – mais encore là ! – et les chaussettes qui dégringolent sur les sandalettes.

Mon cousin, devant moi, attend lui aussi que ça passe. Mon Dieu ! A cette époque, on mettait encore, à cinq ans passés, des barboteuses aux petits garçons !

Les femmes sont impeccables. Elles n'ont rien dégrafé, rien ôté malgré la chaleur. Les robes sont boutonnées jusqu'au dernier bouton. Ma mère, qui tient la main de mon deuxième cousin encore bébé, en bas de la photo, a tout de même retroussé ses manches longues au-dessus du coude.

Derrière elle, ma tante, qui a aujourd'hui soixante-quinze ans et qui passe invariablement tous les étés bardée de pulls et de bonnets de laine, a déjà, quelque quarante ans plus tôt, une écharpe sous le col blanc de sa robe. Ma tante à l'arrière-plan... Qui prendra quelques années plus tard une place capitale dans ma vie (et moi dans la sienne) puisqu'elle va m'élever. Elle ne sait pas encore – et heureusement ! – qu'elle va hériter avec moi de l'enfant qu'il ne lui a pas été donné d'avoir pendant son mariage. Déjà veuve à trente ans d'un grand amour, elle était revenue vivre avec sa mère, et c'est la seule sur cette photo à ne pas être « en couple ». Elle s'est mise discrètement à l'arrière. Elle sourit.

Mon père, absent de la photo puisque derrière l'objectif, a

dû choisir l'emplacement de la couverture, ni trop au soleil ni trop à l'ombre, en bon photographe, juste à la lisière de la flaque de lumière pour qu'elle se reflète sur les visages. Il dut y avoir quelques « Simone ! Remonte un peu vers Paulette, je ne te vois pas... Baisse ton nez, Toinette, tu as l'ombre d'une feuille juste au bout... » et clic ! Piégé dans l'appareil le dimanche idyllique où la vie est triomphante, avant que le soleil ne chute et que chacun ne rentre chez soi.

Paulette, Toinette, Ginette (ma mère) et encore plus joli : Hortense-Célestine pour ma grand-mère. Ces noms-là aussi tendent à disparaître...

Un détail me frappe : aucun des enfants ne sourit. Sans doute on s'embête à rester immobile au lieu d'aller jouer. La vieille couverture gratte les jambes autant ou plus que l'herbe. Pourquoi doit-on s'arrêter de courir pour fixer l'objectif alors qu'il ne se passe rien d'exceptionnel ? L'herbe, les fruits, maman à côté et les tartes de grand-mère sur la table, tout est normal. Si les adultes ont décidé d'immortaliser ce moment-là, c'est qu'ils craignent – sans précisément se le dire, surtout sans le dire, avec une pensée fugitive, peut-être, en s'installant joyeusement à sa place – qu'un jour d'aussi parfait équilibre ne se reproduise pas. Qui sait s'il fera aussi beau l'été prochain, et si tout le monde, encore, sera là ?

Les enfants ne sourient pas parce qu'ils n'ont pas peur.

Je sais pourquoi j'aime particulièrement cette photo maintenant. C'est qu'ayant, après la mort de mes parents, passé plus de vingt ans à rayer de mon existence tout ce qu'elle représente, je reconnais qu'aujourd'hui je tends de toutes mes forces à reconstruire dans ma vie intime ce qu'EST cette photo.

Je ne suis plus l'enfant grognon qui attend que ça passe, il n'est plus l'heure d'ignorer la peur. Je suis à la place de ma mère, je tiens la main des enfants. J'ai planté les arbres, les groseilliers, dans une autre campagne pleine de paix où le tracé de certains chemins, inchangé depuis des siècles,

donne parfois quand le soir tombe un sentiment d'éternité. J'apprends à regarder, à cultiver le temps et les fleurs, à faire des confitures. Tout est là. Arriverai-je en haut de la photo, à la place de ma grand-mère, à contempler mes petits-enfants à mes pieds avec le même sourire incertain ?

Les anticorps

Le matin de leur mort, les voisins du pavillon mitoyen nous recueillirent, ma sœur et moi, avant que n'arrive ma famille.

Comment fut-elle prévenue, et qui vint nous chercher sur place ? Ma tante ? Une grand-mère ? Un oncle ? Je ne sais pas. Je n'ai aucun souvenir du départ de cette maison. J'étais déjà dans l'APRÈS, j'avais commencé à réagir, à fabriquer des anticorps à la douleur, et c'est une petite fille à l'œil sec, toute caparaçonnée d'indifférence apparente qui affronta – le mot est trop fort mais c'est celui-là qui me vient – sa famille en larmes.

Je crois que l'on nous conduisit directement à la maison de ma grand-mère paternelle et de ma tante, sur la colline de Bonsecours – cette même maison où j'allais continuer à vivre ensuite – et que tout le monde s'y retrouva pour une bien triste réunion de famille qui remplaçait le joyeux déjeuner prévu chez ma marraine.

Je m'y comportais, je crois, exactement comme si rien ne s'était passé. Je jouais, je courais avec mes cousins dans le jardin, je parlais d'autre chose, presque gaie. En somme, j'opposais l'image d'une enfant monstrueusement étrangère à l'affliction générale.

Cette réaction, ma réaction d'alors, je la comprends encore. Elle doit être assez classique, mais particulièrement pénible à supporter pour l'entourage.

Mon attitude indifférente devait être en effet si brutale et choquante que l'on crut nécessaire de m'annoncer que mes parents étaient morts.

« Que l'on crut nécessaire... » Dans les mots qui me viennent aujourd'hui transparaît encore ma réaction d'enfant à ce que j'ai ressenti alors comme une cruauté inutile. Mais ce n'était pas inutile, et au contraire même nécessaire. Car je savais, bien sûr. Je les avais trouvés par terre, je les avais vus inanimés sur leur lit et j'avais entendu ce qui se disait dans la chambre après que l'on eut tenté de les ranimer – « Trop tard. » Mais jusqu'à quel point faisais-je semblant de ne pas savoir ? Ne refusais-je pas la réalité au point de me persuader qu'ils allaient revenir, que ma vie continuerait comme avant ? Moi sans papa et sans maman, c'était impossible à croire une chose pareille...

J'avais donc dû, entre deux jeux avec mes cousins et l'après-midi passant, trouver le temps long. J'en avais assez, ça allait bien comme ça maintenant, et j'étais entrée dans la pièce où toute la famille était réunie pour demander à revenir chez moi LES retrouver.

Mon oncle, le frère aîné de mon père – je le revois assis devant moi, effondré au coin d'une table, mes grand-mères et mes tantes étaient autour de lui, mais c'est lui seul que je vois, lui qui a parlé, je vois son visage, l'affaissement de son corps, il avait gardé son manteau, son bras sur la table, et j'entends encore, j'entends la voix qu'il eut en prononçant les mots –, me dit : « Mais tes parents sont morts, ma pauvre petite. »

Il ajouta cela « ... ma pauvre petite ».

La défense fut rapide, brutale, je répliquai du tac au tac : « Bon, d'accord, mais quand est-ce que je vais avoir mes affaires ? »

Terrible.

J'ai une grande pitié, en repensant à cela, pour ce petit moi-même armé de toutes ses forces pour nier l'évidence. Je souffre aussi rétrospectivement du mal qu'ont dû ressentir mes proches devant une attitude et des mots aussi glaçants. Je faisais ce que je pouvais. Je résistais à ma manière. Elle était dure.

Je me souviens du silence consterné qui pesa après ma réplique, des regards douloureux et impuissants sur moi.

J'étais agressivement seule, refermée sur moi-même. Moi butée et eux en face. Ils étaient si loin de moi ceux qui pleuraient devant moi... J'avais aussi tout l'orgueil et la pudeur dont un enfant est capable en pareil cas – je devais assez souffrir intérieurement sans avoir, en plus, à le montrer. Leur douleur, je ne pouvais pas la partager. Mon hurlement de détresse il était resté là-bas, dans cette maison, devant leurs deux corps étendus, il avait été étouffé, avorté par la précipitation des mains qui m'avaient arrachée à eux pour m'emmener ailleurs. Depuis, je n'étais qu'un bloc de négation. Je ne pouvais rechercher de chaleur et de réconfort dans aucun bras – dans quels autres bras que les LEURS aurais-je pu m'abandonner ? – et je ressentais comme une agression toute tentative pour amollir ma résistance.

Les jours et les mois qui suivirent sont pour moi noyés dans le brouillard, un brouillard presque aussi épais que celui qui occulte les années d'avant leur mort, mais je garde en mémoire, tout frais et encore sensibles, les deux ou trois moments où, ma résistance vaincue, je fus malgré moi forcée de baisser les armes devant la douleur.

D'abord, quelques jours après, il y eut l'enterrement. Il eut lieu dans l'église du quartier de Rouen que nous avions quitté peu de temps auparavant – et où sans doute ils s'étaient mariés – et l'on m'y emmena.

J'en garde un souvenir d'horreur, et je fus longtemps révoltée qu'on m'y ait fait assister.

Je passais toute la cérémonie à sangloter, je crois. Je me souviens surtout de l'interminable file de gens qui venaient présenter leurs condoléances à la famille, et moi dégoulinante, n'arrivant plus à maîtriser mes hoquets, à subir les mains et les baisers de tous ces gens. J'en garde une douleur physique que je peux ressentir encore maintenant en y repensant.

Cela dura sans doute très longtemps car l'église était bondée, et beaucoup de gens, faute de pouvoir entrer, s'étaient massés à l'extérieur.

« Tes parents étaient adorés de tout le monde... », me dit

une personne de la famille surprise elle-même de tant d'affluence. Cela fait partie des informations sur eux qui m'ont frappée et que j'enregistrais avidement sans rien montrer de mon émotion – mélange de fierté qu'ils aient été tant aimés et de regrets plus déchirants encore de les savoir disparus. Mes adorables, mes jeunes et beaux parents que je ne verrais plus jamais...

La réalité de ce qui m'arrivait était déjà au-dessus de mes forces, qu'avais-je besoin en plus de subir le long rite cruel de cette cérémonie ? J'en voulus longtemps, confusément, à ma famille de m'avoir imposé cela. Je suppose que mes proches, sous le choc eux-mêmes, ont trouvé naturel de me faire partager jusqu'au bout les suites d'un événement qui me touchait de si près. Ils ont dû en discuter longuement avant (je n'ai interrogé personne à ce sujet), penser que c'était plus sain, que j'étais assez forte pour le supporter, et mon apparence si froide et si peu concernée a pu les conforter dans cette décision.

Longtemps après – il me fallut près de vingt ans pour cela –, mes sentiments devinrent plus mitigés, et je me posai sincèrement la question : qu'aurais-je fait à leur place ? Emmènerais-je un enfant déjà violemment traumatisé, même et surtout s'il n'en montre rien, à l'enterrement de ses parents ?

Il m'apparut tout à coup que je trouvais choquante l'idée de laisser l'enfant à la maison, ou chez des voisins, avec le malaise d'avoir été tenu à l'écart. Oui, cette idée me choquait et je comprenais ma famille – après vingt ans, tout de même...

Il me fallut quelque dix ans de plus pour penser qu'ils avaient eu raison.

Il fallait m'emmener à leur enterrement.

Il fallait me faire toucher la réalité, même si le résultat ne fut pas très probant et que je consacrai après cela encore plus violemment mes forces à la refuser. Ils avaient raison tout de même. Je les avais vus morts, on me l'avait dit, maintenant il fallait que je sache où seraient mes parents, définitivement. Il fallait, au lieu de me perdre dans mes rêves, qu'ils deviennent de VRAIS morts qu'on met dans la terre et qu'on ne voit plus.

C'était juste, bon et nécessaire. Mais la douleur que je ressentis fut si vive que j'ai fui par la suite – et que je fuis encore – tout enterrement, même de gens qui ne me touchent pas de près. Bien sûr, quelque trente ans après, je pourrais en me raisonnant un peu assister à des obsèques sans me rouler par terre. Et pourtant, cette crispation de refus, je l'ai respectée jusque-là sans chercher à la vaincre. J'évite. Je refuse. Je ne veux pas. Et je n'y vais pas.

Malgré tout, ils ont eu raison.

Ils ont eu raison et ce n'est pas leur faute si je ne suis pas sortie grandie de cette épreuve.

Non, ce n'est pas leur faute si je n'ai pas grandi.

Pépé Duperray

Pépé Duperray était un homme formidable. Je sais que mon père adorait le photographier. Cette photo à la fenêtre est celle que je préfère. Il a sur le visage ce mélange d'intelligence, d'humour et de bonté de ceux qui sont sortis apaisés de toutes leurs batailles, sentimentales ou autres. Sans rancœurs, sans âpreté étouffée ou déçue, ils abordent la vieillesse en harmonie avec eux-mêmes. N'ayant plus rien à arracher aux autres, il ne leur reste qu'à donner.

Je l'ai peu connu. Quand, après l'accident, j'arrivai pour vivre dans cette maison sur la colline de Bonsecours, ce fut pour le voir mourir horriblement d'un cancer de la gorge. J'ai une image de lui, renversé en arrière sur le lit qu'on avait transporté au rez-de-chaussée pour le soigner plus commodément, la bouche désespérément ouverte pour aspirer un peu d'air avec des bruits affreux. Et rien à faire, à cette époque, pour le soulager. Le calvaire jusqu'au bout.

Je préfère m'ôter très vite cette image de la tête pour garder de lui celle de la photo de mon père.

Avant, quand je venais simplement en visite ou en vacances dans cette maison avec mes cousins, nous passions de grands moments joyeux avec lui. C'était un homme qui aimait jouer avec les enfants.

Il était musicien. Semi-professionnel, il avait fait « de la scène », disait-on dans la famille. Son instrument préféré était la mandoline. Il en avait une, superbe, dont il tirait des mélodies tremblantes, à la fois mélancoliques et gaies, avec ses mains de paysan-artiste. Mais il pratiquait aussi d'autres instruments. Parfois il sortait d'une vieille boîte un violon – en très mauvais état, c'est sans doute pourquoi il le laissait volontiers entre nos pattes d'enfants pour que nous essayions d'en jouer. En sortaient des sons à écorcher les oreilles. C'était tout de même plus musical manié par lui, même s'il manquait une ou deux cordes qui pendaient au manche, et si l'archet cent fois rafistolé avait maigri de moitié.

Quand nous étions lassés de nous escrimer sur le pauvre instrument, venait l'heure d'un jeu beaucoup plus fatigant pour lui, celui de « la brouette ». Elle était immense, tout en bois, sans côtés pour transporter les bûches, avec une grosse roue cerclée de fer. Nous nous allongions dedans, les mains bien agrippées au bord, et il nous faisait traverser la cour au pas de charge, avant de dévaler le pré en pente avec des secousses telles que nous finissions par verser sur l'herbe. Une fois, deux fois, trois... Il va sans dire qu'il se fatiguait beaucoup plus vite que nous.

Et puis il inventait des choses, des jouets, avec des bouts de bois, des ficelles. Il nous apprenait à jouer aux dominos – de vieux et « vrais » dominos d'ébène et d'ivoire tout jaunis.

Il nous fascinait aussi avec des tours de magie qui nous tenaient bouche ouverte, les yeux écarquillés devant lui. Boniment, plaisanteries, le geste qui détournait habilement notre attention tandis qu'il escamotait ce que nous attendions trouver, tout y était. Le « tour du bouchon », numéro vedette, est resté de tradition familiale – bien mal transmise, il est vrai. Un bouchon coupé en quatre, un morceau sous quatre chapeaux posés sur une table. Tour à tour on soulève les chapeaux pour prendre le morceau qu'ils cachent, et on tape avec lui le dessous de la table à travers laquelle il « passe » mystérieusement. Tous les bouchons se retrouvent ainsi sous le quatrième chapeau. Il s'agit bien sûr de garder dès le départ un bouchon dans la main, et tout se joue ensuite dans la pose et la repose des chapeaux. Avec un peu d'habileté, l'illusion est parfaite.

Je m'y essayai dernièrement avec mes enfants sans beaucoup de succès – pas le tour de main, pas de brio, pas de répétition avant pour me remémorer le système tout de même assez compliqué, cafouillage... Ils ont tout de suite vu le quart de bouchon mal coincé entre mes doigts qui soulevaient un chapeau pour le glisser dessous, en principe subrepticement. Raté. Mort pour eux, le fabuleux « coup du bouchon », par manque de soin, manque de véritable entrain à jouer pour le plaisir. Ils sont rapidement retournés à d'autres jeux, électroniques ou autres. Je m'en sentis triste et fautive, comme si j'avais trahi un secret précieux dispensateur de joie. L'art d'émerveiller les enfants se perd...

Vers le goûter, nous nous retrouvions tous, invariablement, autour d'un chausson aux pommes, spécialité de ma grand-mère. Les pommes – Normandie oblige –, nous y avions droit sous toutes leurs formes, crues, en compote, en chausson, en tarte, en gelée. Sous toutes leurs formes et en toutes saisons. Les pommiers du verger fournissant une récolte qui pouvait nourrir une famille entière pendant une année, ma grand-mère les conservait dans la remise au sol en terre battue, à la température idéale, bien rangées sur des claies et séparées les unes des autres afin qu'elles ne pourrissent pas.

J'ai vécu peu d'années dans cette maison campagnarde avant que nous ne « descendions » en ville quand j'eus l'âge d'aller au lycée, mais j'en ai tant mangé pendant ce temps que je viens à peine de me guérir d'un dégoût pour ce fruit. Toute cette maison en était imprégnée, et longtemps après l'idée même de la campagne restait pour moi indissociable de l'odeur de la terre battue mêlée au parfum doucereux et acidulé des pommes conservées dans cette remise. Et aussi de celle du pain rassis dans la huche en bois.

Rien ne se perdait chez ma grand-mère, ni les pommes, ni le pain, ni le gras du jambon. Elle avait la science méticuleuse et inventive de ceux qui ont dû se servir de chaque miette pour vivre. Les robes usées jusqu'à la trame étaient retournées sur l'envers pour faire illusion, puis les manches raccourcies au-dessus du coude quand ceux-ci étaient troués, on faisait une poche avec le reste du poignet. Et enfin le tout, ravaudé, finissait en tablier pour le ménage.

Quand elle rencontra pépé Duperray, elle élevait ses enfants en tenant un café-tabac. Dur travail pour une femme seule, qu'elle assumait durant dix-huit heures par jour pour nourrir les siens, et plus tard offrir des études aux deux garçons. Cette rencontre fut peut-être le seul vrai cadeau que la vie lui offrit.

Voir mourir ce mari quelques mois après avoir perdu un fils et ma mère, il y avait là de quoi la faire sombrer dans une vieillesse de pleureuse. Mais j'arrivais, j'étais déjà là, avec mes neuf ans impétueux à nourrir, habiller, surveiller. Il fallait bien continuer à faire avec la vie, puisque ma présence l'y poussait. Ma tante travaillant en ville dans la journée, c'était donc elle qui devait s'occuper de moi.

Trois générations, trois âges de femmes seules, moi incluse, avec déjà plein de morts derrière nous à laisser où ils étaient pour aller de l'avant. Les vivants à leurs occupations de vivants et les morts au cimetière. Nous n'en parlions jamais.

Je n'ai donc jamais su qui était vraiment ce faux grand-père au si beau visage, toujours vêtu de sa blouse d'artisan. Je ne peux que regretter qu'il ait juste croisé mon chemin sans que nous ayons le temps de partager tendresse et goûts communs. C'était le lot de nos générations différentes, bien sûr, de ne pouvoir faire beaucoup de route ensemble, mais il est des êtres qu'on manque avec plus de regrets que d'autres. Nous nous serions plu, et reconnus.

Je sais simplement qu'il gagnait sa vie comme coiffeur, mais que musicien, aquarelliste, magicien à ses heures, il était artiste dans l'âme.

Quand je cherchai un pseudonyme d'actrice, vers mes dix-sept ans, je pris son nom, en le modifiant un peu. A l'époque, je ne m'expliquai pas pourquoi le sien m'avait semblé couler de source, à l'exclusion de tout autre. C'était, je crois, la reconnaissance d'une filiation que j'aurais désirée. Il était mon grand-père choisi.

Ainsi, à défaut de pouvoir bousculer le temps pour venir m'accouder à côté de lui à la fenêtre, être DANS la photo à mon âge de femme, il fait partie de ma vie et rentre un peu en scène avec moi.

Relisant ce que je viens d'écrire, je suis frappée par ces mots, « trois femmes seules avec plein de morts derrière elles », qui reflètent pour moi l'exacte réalité de ce qui fut APRÈS. Je sais que le flou qui a noyé ce qui précédait la cassure de mon enfance s'est étendu sur les quelques années qui suivirent, mais je ne vois rien d'autre, personne d'autre autour de ces trois solitudes réunies. Pourtant j'ai écrit aussi que j'étais arrivée dans cette maison pour voir mourir pépé Duperray, que nous nous étions croisés quelques mois.

C'est une erreur de ma mémoire. Je me suis tout de même renseignée auprès d'une personne de ma famille et me suis rendu compte que j'avais inversé les morts. Mais celle de mon grand-père reste indissolublement liée à celle de mes parents : il est mort juste une ou deux semaines avant eux, et non pas après. Je n'habitais donc pas dans cette maison quand j'eus cette affreuse image de lui étouffant sur son lit, mais j'avais dû venir faire une dernière visite au mourant avec mes parents.

De cette visite je ne garde rien d'autre que cette image

de lui, cruellement frappante, unique, détachée de tout contexte familial. Est-ce moi qui ai insisté pour le voir une dernière fois ? Je ne sais pas. Il me semble curieux qu'on ait permis à une enfant de mon âge d'entrer dans la chambre d'un homme en pleine agonie douloureuse, incapable à ce moment-là de reconnaître quiconque.

M'y serais-je introduite sans rien demander à personne ? Cela me semble plus plausible.

Si je penche pour cette version d'un petit moi-même ne supportant pas d'être tenu à l'écart, voulant à toute force voir ce qui se passait, c'est que j'ai répété ce geste peu de temps après, lors de la mort de mes parents, m'introduisant de force dans la chambre où ils reposaient alors qu'on m'en avait écartée. Là aussi j'avais voulu voir, et savoir. Mon impulsion était identique. Je crois aussi que si j'ai instinctivement inversé les morts, c'est que le choc de celle de mes parents, beaucoup plus brutal et intime pour moi, a coloré après coup l'image de mon grand-père agonisant, lui a donné sa résonance définitive. Donc, dans mon esprit, la disparition de pépé Duperray découlait de la leur et venait en second.

Je ne crois pas avoir assisté à son enterrement – ou bien je l'ai rayé de ma mémoire, ou bien on avait laissé les enfants à la maison.

Le seul enterrement dont je me souvienne parfaitement, c'est le mien – je veux dire celui de mes parents, bien sûr... Je ne veux pas appuyer sur ce lapsus qui vient de me surprendre moi-même, mais après tout il s'agissait bien de MON enterrement, le plus important pour moi. L'enterrement de ma vie, si l'on peut dire. Du moins, d'une partie de ma vie... J'en parlerai peut-être plus tard. Je ne sais pas. En ce qui concerne pépé Duperray, il fut inhumé dans le cimetière de Bonsecours, non loin de la maison de ma grand-mère, un très beau cimetière à flanc de colline qui domine toute la vallée de Rouen. C'est un endroit magnifique. Mon père, contemplant de son œil de photographe le panorama et la Seine qui serpentait au loin, aurait dit : « au moins, il aura une belle vue... ».

Le cauchemar fidèle

Je ne sais depuis combien d'années je fais ce rêve. Depuis très longtemps, je crois. Il me revient périodiquement, avec parfois de légères variantes, mais l'aboutissement en est toujours identique. Il peut se passer un an, deux ans sans que je le fasse, puis il revient. Il m'est justement revenu la nuit qui suivit ces dernières pages écrites à propos de la mort de mon grand-père et de celle de mes parents.

Je n'ai jamais vraiment cherché à m'expliquer son origine, mais cette fois une concordance entre ce rêve et la manière dont ils sont morts tous les trois m'a frappée. Cette similitude et sa présence pendant mon sommeil de cette dernière nuit sont peut-être dues au hasard, mais un rêve si obstinément semblable depuis des années et resurgissant si précisément à point peut-il être une simple fantaisie nocturne de mon esprit ? Je ne crois pas.

S'il ne l'explique pas entièrement, mes pensées de la veille accolées à sa réapparition m'en éclairent du moins l'origine. L'interprétation de ce qui se passe ensuite est plus hasardeuse...

Il commence toujours de la même manière :

Je sais que je vais mourir. Je suis en train de mourir. Cela ne m'empêche pas de vaquer à mes occupations ordinaires, de bouger, de parler, quoique la chose devienne de plus en plus malaisée car, petit à petit, je respire de plus en plus difficilement. Je n'en suis pas spécialement effrayée, cela ne me surprend pas car je SAIS que bientôt je ne respirerai plus du tout. C'est très doux, très lent, très lucide et absolument inéluctable.

Je suis donc la progression de la chose, la paralysie graduelle de mon souffle que j'économise en respirant à petits coups. Pourtant je suis à peine gênée. Je sais qu'il me reste peu de temps avant que l'air ne passe plus, mais c'est une pensée objective, non ressentie. Je ne suis pas angoissée, je ne souffre pas. Tout au plus une légère inquiétude quant à mon devenir APRÈS.

C'est si indolore qu'il m'arrive même de rassurer mon entourage inquiet de mon sort. « Ne vous en faites pas, n'ayez pas peur pour moi, ça ne fait pas mal... »

C'est très long, très lent, toujours aussi calme, mais un moment arrivera où je ne respirerai plus.

Et il arrive.

Le « passage » se fait lui aussi en douceur, mais de la même manière que je savais que j'allais arrêter de respirer je SAIS qu'à présent je suis morte. Je suis passée de l'autre côté, presque insensiblement. « C'est fait », me dis-je. Après un moment d'angoisse au sujet de l'inconnu qui m'attend, je ressens tout à coup un indicible soulagement en constatant que rien n'a changé : je suis toujours chez moi, au milieu des miens.

Ma peur venant moins de ce qui allait advenir de moi que de perdre ceux que j'aime, je suis profondément rassurée. Je ne suis pas partie ailleurs, ils sont là, près de moi. C'est une surprise mêlée de ravissement qui m'envahit.

« Ce n'est donc que cela, la mort ? Mais ça n'est pas grave du tout, ça ne vaut pas la peine d'avoir une telle crainte d'une chose si simple et inoffensive... »

Et je m'abandonne aussi à la joie de n'être pas devenue un pur esprit anonyme, envolé je ne sais où, fondu dans un éther inconnu. Je ne me suis pas perdue, je suis toujours moi, la même, et je n'ai pas perdu mes enfants, mon compagnon, puisqu'ils sont près de moi. Tout m'est familier. En fait, tout est pareil qu'avant – du moins c'est ce qu'il me semble au premier abord...

Donc, toujours joyeuse et légère – si légère – je les suis dans leurs occupations, je peux tout voir, tout entendre, tout partager, et je m'en émerveille. Tout va bien, je n'ai rien perdu, je n'ai rien perdu... Cet état de béatitude dure un moment puis – et c'est là que les choses se gâtent terriblement – je m'aperçois petit à petit, d'abord avec stupéfaction puis avec une froide horreur, que si rien n'a changé pour moi quelque chose de fondamental a changé pour eux : je ne suis plus là. Ils ne me voient pas, ils ne m'entendent pas. Je n'existe plus.

Alors, tout aussi graduellement et lentement, la panique et la douleur s'emparent de moi. A quoi me sert d'être toujours là si aucun échange n'est possible, si je suis invisible, morte pour eux ?

J'essaie d'intervenir, de leur faire sentir ma présence par tous les moyens, mais je n'en ai aucun pour percer ce mur, leur ignorance de ma présence. Ils n'entendent pas ma voix, je n'ai plus de corps. Monte en moi tout l'affolement que j'aurais dû ressentir à l'approche de ma mort physique. C'est seulement maintenant que je souffre horriblement, que je me débats, que je hurle d'impuissance et de douleur. Ils continuent à bouger, à parler entre eux, à vivre sans moi. La cruauté de la situation et ma solitude deviennent insupportables.

Puis je me rends compte avec désespoir qu'il ne me reste plus qu'à mourir VRAIMENT pour échapper à cette douleur, que je n'ai pas d'autre solution, que finalement c'est eux, leur imperméabilité de vivants qui me poussera vers le néant. Mais je m'obstine, je m'obstine encore. Je souffre trop, je ne peux pas accepter. Le manque de leurs regards, de leur chaleur, de leur tendresse m'étouffe.

Le pire vient quand me prend le besoin frénétique de les toucher, de les embrasser, et que non seulement ils ne me sentent pas mais que moi non plus je ne sens rien...

La chose ne s'est jamais poursuivie jusqu'à mon départ obligé vers le néant définitif car je me réveille avant – en assez piteux état je dois dire. Toutefois, je mouille moins mon oreiller avec ce rêve depuis quelques années car il arrive assez souvent que je ne me laisse plus « piéger » par lui.

Il vient, je le reconnais, ce cauchemar fidèle, je le vis jusqu'à un certain point de souffrance et tout à coup je me dis « ça suffit », et je me réveille. Mais j'en reste toujours très troublée, et le malaise met longtemps à s'estomper.

La concordance qui m'apparut soudain entre ce rêve et les morts de mon enfance – et je suis ébahie de n'y avoir jamais pensé –, c'est la manière de mourir. Mes parents asphyxiés, mon grand-père étouffant sur ses oreillers, sans compter ma grand-mère morte à peu près dans les mêmes conditions dix ans plus tard, tous ont manqué d'air avant de s'en aller. Il y a là de quoi être frappée et perpétuer en rêve une sorte de tradition familiale...

Ce qui me paraît plus curieux, c'est cette double mort. La première, physique, m'est tout à fait indolore et je la vis presque avec indifférence, sans surprise, je la connais et l'accepte d'avance, comme une simple formalité à accomplir. La seconde mort, ou plutôt ma vraie agonie, terrifiante, me vient de l'inconscience de ceux que j'aime, de leur ignorance de ma présence et de mon amour toujours vivant. Je vois deux interprétations à ce rêve, qui valent ce qu'elles valent.

La première, la plus simple, c'est qu'il est l'expression de mon existence en fonction du regard des autres.

C'est simple, effectivement, mais un peu trop. Certes, je possède – et possédais à un point superlatif ! – le besoin de public et l'égocentrisme indispensable à un bon départ dans la carrière de comédienne, mais à moins que je ne me leurre sur la profondeur du phénomène et l'impression que j'ai qu'il tend à s'émousser, il me semble que la souffrance et le désespoir extrême que je ressens à la fin de mon rêve sont disproportionnés s'ils ne tiennent qu'à cela. Et pourquoi alors cette première mort ? Pourquoi cette lente asphyxie et ma disparition obligée pour découvrir la survie de mon esprit intact parmi les vivants ? Il me suffirait, sans avoir à mourir, de devenir estropiée, que sais-je, pour perdre le regard valorisant des autres. Et il ne s'agit pas dans mon rêve de n'importe quels autres, public anonyme ou simples connaissances, mais uniquement de ceux que j'aime. Et je souffre avant tout de ma propre impuissance à les toucher – c'est ça le but, cette souffrance-là.

En fait, tout le début du rêve n'est qu'une « mise en place », un scénario qui peut s'étendre, s'offrir des enjolivures, des variantes pour mieux établir la situation. Il n'a pas grande importance, il est habilement fabriqué, comme un bon suspense. Et mon esprit-metteur en scène peut le faire durer tant qu'il veut ; froidement efficace, il ne vise qu'à mettre en valeur le dénouement : ma déchirure.

Il me semble entrevoir ce que je vis avec ce cauchemar, car j'ai remarqué qu'il m'est beaucoup plus douloureux depuis que j'ai des enfants, comme s'il avait trouvé avec eux et mon amour pour eux sa finalité suprême, la perfection dans l'aboutissement du scénario.

Deuxième interprétation, hasardeuse elle aussi, mais dont je sens, par l'émotion qui me serre la poitrine en y réfléchissant, qu'elle touche une part de ma vérité.

Je souffre horriblement par ce rêve de ma faute d'oubli envers mes parents. Je paie avec lui pour les avoir repoussés dans l'ombre, tués dans mon souvenir. Je suis à la fois moi et eux. Eux, mes pauvres morts innocents, ravis si jeunes, abandonnant bien malgré eux ce matin-là leurs enfants solitaires dans cette maison et dans la vie, cherchant peut-être (comment ? sous quelle forme ?) à nous toucher, à vivre encore avec nous, impuissants à le faire savoir, sans voix, sans mains, sans lèvres pour embrasser, et moi, petite vivante durement refermée sur sa douleur, sur ce petit moi devenu le centre du monde au milieu d'un désert, sans plus de toit parental au-dessus de sa tête, avec le « jamais plus » qui lui a sauté à la figure et l'a rendue aveugle et sourde à leur présence invisible, à leur désir survivant, peut-être, d'aimer encore, de partager. Peut-être...

Je n'ai pas pu faire autrement. Je n'ai pas pu. J'avais neuf ans...

Mais j'ai beau me donner l'excuse de l'âge et de la cruauté

du choc, je sais que non seulement leurs corps furent enterrés pour pourrir mais que j'ai sauvagement enfoui derrière mon voile noir ce qu'ils étaient avant, leur amour devenu inutile et douloureux, le souvenir insupportable de leurs gestes de tendresse, de leurs mains, de leurs voix – leurs voix qui m'appelaient encore, peut-être. Peut-être... Qui le sait ? J'ai fait mourir tout ce qu'ils m'avaient donné, j'ai tout rejeté d'eux pour survivre, MOI, pauvre moi qui se fustige dans son rêve en se mettant à leur place, si pauvres aussi et impuissants.

C'est peut-être ceci ou cela, ou rien du tout. Cette explication que je me donne aujourd'hui n'est sans doute pas plus valable que n'importe quelle autre qui s'accorderait mieux à un autre moment, à une autre période de ma vie. Y a-t-il une vérité en ce domaine ?

La vérité c'est que je n'en suis pas revenue de les trouver par terre ce matin-là, d'avoir senti si brutalement s'abattre sur moi la main froide de la catastrophe, et isolée des autres par cette glace dans les veines voir que la vie continuait, que la mère de la petite voisine était toujours là, que tout le monde bougeait, parlait comme avant – tout le monde, sauf mes parents à moi.

Je n'en revenais pas et je n'en suis toujours pas revenue, sinon je n'éprouverais pas le besoin de faire ce livre. Et je commence à me dire que je n'en reviendrai peut-être jamais. Alors que ce rêve signifie ceci ou cela m'importe peu au fond.

La vérité c'est que j'ai tant enfoui mon regret sous la volonté brute de vivre et de ne pas souffrir qu'il resurgit, intact, vivace, et refleurit à mesure que je m'en défends moins. N'est-il pas, en désespoir de cause, la seule chose qui me reste d'eux ? Je tourne autour de lui, j'y reviens, je le gratte comme une plaie mal cicatrisée.

La preuve, c'est l'été, tout pousse autour de moi, les rosiers sont en fleur et mes deux enfants éclatants de vie courent et sautent dans le soleil, sans moi. Sans moi parce que je suis enfermée dans une chambre à l'écart avec vous, mes jeunes parents qui seraient si vieux maintenant, à tenter de vous retrouver alors que vous êtes perdus à jamais – perdus mais souffrant encore, peut-être, de m'avoir perdue aussi. Qui sait ? Je ne le saurai jamais.

Alors revenez me hanter la nuit, toutes mes nuits si vous voulez, si c'est de vous que me vient ce rêve, mais laissez-moi vivre ma belle saison et les jours d'été heureux tandis qu'il en est encore temps. Restez dans l'ombre, s'il vous plaît, cette ombre que j'essaie si inutilement de percer. C'est mieux ainsi.

La lionne

Ma grand-mère maternelle à sa machine à coudre. C'est ainsi que je la trouvais sans doute – puisque ma mémoire opaque ne m'offre aucune image d'elle – en rentrant de l'école tous les soirs.

La première chose qui me frappe en la regardant sur cette photo, c'est sa force. Dieu, la puissance qui se dégage de cette femme ! Depuis les bras en passant par la carrure imposante jusqu'au visage épais, au front obstiné sous la crinière de lionne – une lionne, oui – et, en contrepoint, presque incongrue, la grâce du poignet et de la main sur la roue de la machine pour mettre en place l'aiguille.

Et puis derrière, à demi fondue dans l'ombre, pas conquérante du tout, ma grande-tante Juliette, sa sœur, éternelle suivante à l'arrière-plan. Dur d'avoir autre chose qu'un second rôle face à la lionne, fût-on l'aînée. Je crois qu'elle ne se maria jamais et gravita jusqu'à sa fin autour de ma grand-mère, pilier de la tribu. Elle, attachée comme les autres, sœur, mari, enfants, petits-enfants, nourris, habillés de pied en cap par la lionne, enrobés chaudement par cette force de vie terrestre qui sentait bon le ragoût, la pâte à tarte, toujours quelque chose qui mijote, et le doux ronron de la machine à coudre en fond sonore, toujours une petite robe, un manteau en cours, tout ce bruissement rassurant des choses qu'on fabrique à la maison et qui sont bonnes à manger et à porter sur soi, et le bavardage qui va avec, chaud lui aussi, une parole après l'autre, qu'on ajoute l'une après l'autre, comme des brindilles au nid. Les liens les plus sûrs tissés avec ses mains, ses bras, son inépuisable savoir domestique. Difficile de ne pas sentir le froid du dehors quand on sortait d'une si rassurante tanière...

Une de ces maîtresses femmes si débordantes d'énergie

qu'elles ont toujours trop chaud. Un corsage suffit, même en hiver, et les bras nus, toujours. Et puis les manches ça gêne, ça trempe dans la farine, ça s'accroche aux tissus qu'on coud, on les relève pour nourrir les poules, les chats, pour jardiner. Avec toutes ces choses à pétrir, à retourner, mieux vaut tailler court au-dessus des coudes, ça fait du tissu de gagné pour les poches.

La puissance de cette femme...

Jusqu'aux cheveux qui jaillissent, indomptables, trois fois plus de cheveux que les autres à tailler, juguler tant bien que mal. Et encore à l'époque de cette photo sa chevelure n'était que le vestige de ce qu'elle fut. Mais, dans sa jeunesse, quand la mode n'autorisait pas encore de les couper, ses cheveux, disait-on, étaient séparés chaque matin en cinq nattes égales épaisses comme le poignet et enroulées sur les côtés, l'arrière et le sommet de la tête pour en répartir le poids – j'ai du mal à imaginer le résultat esthétique d'une pareille coiffure! – et malgré tout fallait-il le soir lui masser la tête et le cou pour calmer ses migraines après toute une journée passée avec un tel fardeau sur le crâne.

Je me souviens qu'on racontait cela, dans la famille, avec cette sorte de respect qu'on témoigne devant les manifestations exceptionnelles de la nature, et aussi qu'elle tenait cette hypertrophie capillaire de sa mère et de sa grand-mère chez lesquelles c'était bien pire, un vrai calvaire, et que l'une d'elles – laquelle, je ne sais plus – posa même pour une publicité du pétrole Hahn. Je me souviens d'avoir vu étant petite, et la chose m'avait fortement impressionnée, un emballage de l'époque dudit pétrole Hahn que ma grand-mère avait conservé et sur lequel on voyait l'image en sépia d'une femme debout de dos, la tête jetée en arrière, légèrement tournée sur la gauche et dont la chevelure monstrueuse cachait entièrement le corps et traînait par terre plus bas que ses talons.

Et puis la guerre de 14 vit la chute de ces encombrantes parures, on les coupa, on les vendit, on en fit des postiches, des bracelets, et comme pour justifier ou appuyer ces temps nouveaux, la nature elle-même ralentit sa prodigalité et ne fabriqua plus tant de poils sur les têtes des femmes. Le temps des chevelures dégoulinant en cascade jusqu'aux pieds est révolu, à peine rencontre-t-on de temps à autre une obstinée qui a réussi à laisser descendre la sienne jusqu'aux reins. La chose s'exhibe comme une curiosité, on se retourne sur elle. C'est fini.

Je me souviens aussi – est-ce vraiment un souvenir ou ce qu'on m'a raconté ? – des jours de fête, Noëls, dimanches ou visites. Ma grand-mère armée d'un tablier et de son rouleau « entrait en pâtisserie ». Quelquefois dix, douze gâteaux différents sur la table et deux jours entiers à pétrir, battre en neige, émulsionner, mouiller des biscuits de rhum ou de kirsch, rouler des pâtes, cuire des caramels. Et le moment magique pour moi où l'on délogeait de la plus haute étagère de la cuisine les bocaux pleins de fruits confits et de pâtes d'amande colorées. Et puis les petites billes de sucre argentées, les mimosas, les grains de chocolat multicolores dont on parsemait la surface des mokas, les roses en sucre et leurs petites feuilles transparentes. Ma préférence allait aux longs bâtons collants d'angélique verte qu'on m'envoyait sucer à l'écart pour que je cesse de goûter à tout. Des folies, des orgies de gâteaux. Je ne sais quel était notre ordinaire – plutôt simple, je suppose – mais le goût du faste régnait sur la table ces jours-là. La fête passée, on mettait la semaine à terminer les desserts, aux petits déjeuners, à tous les repas, aux goûters.

De cette époque je garde une recette que je n'ai jamais oubliée. Pour ma sœur et moi il reste LE gâteau, le gâteau de mémé, le gâteau de notre enfance. Il est d'ailleurs la seule réminiscence que nous ayons en commun, puisque ma grand-mère, après la mort de nos parents, éleva ma petite sœur alors que je partis dans ma famille paternelle – le goût de ce gâteau reste donc le trait d'union de nos enfances séparées. Je continue de le fabriquer pour les Noëls et anniversaires, une manière de célébrer un vestige, de perpétuer l'unique tradition familiale.

Une fois la fête passée, nous avons tout le loisir, ma sœur et moi, de déguster ce gâteau fabuleux au petit déjeuner, puis à tous les repas, puis au goûter, et ceci pendant plusieurs jours en mémoire de notre grand-mère, car sa teneur en calories défiant tous les records le rend absolument indigeste pour d'autres estomacs que les nôtres... Voici de quoi se compose la chose :

Une purée de châtaignes mélangée de chocolat noir fondu, liés par une crème de beurre et de sucre à poids égal, puis de la poudre d'amande parfumée au kirsch. Le tout, décoré de cerneaux de noix, est mis au réfrigérateur une nuit (c'est le beurre qui fait prendre corps au bloc) et finalement nappé d'une crème anglaise (douze jaunes d'œuf pour un litre de lait environ). Tout y est. C'est magnifique. Aucun être humain normal ne peut en ingurgiter plus de trois cuillères, nous, on vide un compotier sans problème. La nostalgie de l'enfance aurait-elle une influence sur les sucs gastriques ?

Ce gâteau, c'est tout le portrait de ma grand-mère, délicieux et lourd, rassurant à souhait et relativement dangereux pour les constitutions fragiles – gare au KO hépatique.

J'ai un souvenir moins voluptueux des manteaux faits par elle dont on me couvrait. Elle avait une manie de l'ajusté qui faisait les emmanchures trop étroites et les cols trop serrés. J'étouffais, ça me sciait sous les bras, et au terme de sempiternelles bagarres on me fermait de force le dernier bouton en coinçant en plus une écharpe dedans pour que je n'aie pas froid. J'arrachais le tout dès qu'on avait le dos tourné, puis on reboutonnait... Je gardai de cette confection-maison claustrophobique un véritable traumatisme vestimentaire qui suffit à expliquer ma passion pour les vêtements amples et les manches kimono.

Elle régnait donc. Elle régnait sur tout son monde, sur la maison. Sur les êtres ? Sans doute. Mais elle ignorait peut-être elle-même le pouvoir totalitaire qu'elle exerçait. Comment appeler tyrannie la manifestation même de sa nature, de sa force ? Gare aux constitutions fragiles...

Je la quittai, ainsi que la chaude maison et la vie tribale quand mes parents emménagèrent dans leur pavillon tout neuf. Ma mère fit donc une échappée de bien courte durée hors de sa domination puisqu'elle eut quelques mois après le résultat que l'on sait. Faisait-il si froid hors du cocon qu'on risquait d'en mourir?

Je la revis pendant quelques années, lors des visites que je faisais à ma petite sœur.

Puis lorsque je quittai ma ville natale, que je fuis du même mouvement famille et souvenirs, tout ce qui pouvait me rappeler ceux que j'avais perdus, je ne la vis plus. Je ne la vis plus jamais. Et je l'oubliai comme le reste, comme les autres. J'ignore même – faut-il l'avouer? – le lieu, les circonstances et l'année de sa mort.

Je ne sais ni où, ni comment, ni quand la lionne fut terrassée.

Il ne me reste d'elle que cette photo à sa machine à coudre, l'amour des maisons pleines où des chats ronronnent sur des tissus épars, et un gâteau de châtaignes, d'amandes et de kirsch, qui laisse dans la bouche un goût à la fois sucré et amer, un goût d'enfance perdue.

Une nuit passa après que j'eus terminé ce texte sur ma grand-mère. Puis au matin je le relus.

Je relus et reçus tout à coup en pleine poitrine la cruauté – cruauté, oui – de mes dernières lignes. Je venais de réaliser que j'avais ignoré, au sens le plus profond du terme, que ma grand-mère, après que je l'eus quittée, était restée un être vivant qui existait puis est mort quelque part. Jusqu'à ce matin je n'y ai jamais vraiment pensé. Jamais.

Je ne sais ni comment ni quand est morte ma propre grand-mère qui m'éleva jusqu'à presque neuf ans... N'est-ce pas incroyable? N'ai-je pu tenter d'être heureuse qu'au prix d'un si impitoyable rejet des miens?

Après coup, la monstruosité de la chose m'a saisie, envahie à en avoir les jambes qui tremblent et les mains inertes.

Je pleurai une matinée entière. Puis je dormis, écrasée.

Leur en ai-je voulu si fort, à elle comme à tous, d'être restés vivants après que mes parents furent morts, que j'ai rayé leur existence par mon oubli ? Est-ce cela ? Une manière de les nier, de les tuer, eux, injustement debout alors que ceux que j'aurais voulus près de moi étaient couchés à jamais sous une épaisse couche de terre ?

Plus de mots. Plus de phrases. Tais-toi maintenant.

Ça vaut mieux.

Ma mère enfant dans sa Rolls, avec son col de fourrure. Souvenir de l'aisance d'avant-guerre, le temps où l'on avait un cinéma, un cirque, de riches manteaux, avant que tout cela ne parte en fumée sous les bombes.

Ma grand-mère à la porte d'une épicerie familiale – j'ignore à qui elle appartenait.

Devant la vitrine, sa sœur, éternelle suivante au sourire humble et aux épaules courbées. Puis ma mère assise avec une publicité pour le « froid » entre les mains, et sa petite sœur.

A voir l'expression avenante de ma grand-mère, sa main campée sur la hanche et le talon fiché dans le sol, on n'avait pas intérêt à lui marcher sur les pieds en passant le seuil de la boutique...

Sur-vivre

J'emménageai donc chez ma grand-mère paternelle et ma tante chez qui je vivrais désormais.

L'ombre s'étend aussi sur les mois et même les toutes premières années qui suivirent la mort de mes parents et je n'ai aucun souvenir de mon installation dans cette maison de Bonsecours. Après les images si précises dans ma tête du matin de la catastrophe, mon amnésie effaça aussi ce qui se passa ensuite. Je devais être trop occupée à oublier ma vie antérieure, à la rayer littéralement pour naître à nouveau, sans EUX. Car c'est de cela qu'il s'agissait, je pense, naître à nouveau, avec âpreté, envers et contre cette conscience brutalement acquise du « jamais plus ».

Je ne saurais décrire ce qui se passait en moi, par quelle alchimie intérieure je réussissais à occulter ma souffrance, à oublier tout un pan de ma vie. Est-ce venu brutalement ? Mon esprit a-t-il mis des mois à opacifier ce voile noir ? Est-ce que je rêvais d'eux la nuit ? Je ne sais. J'ai dû lutter en moi, en silence, et après ma première et instinctive réaction de refus, consacrer toutes mes forces à l'affermir, sans rien en laisser paraître et à mon insu même.

Jamais je ne parlais d'eux. Je n'exprimais aucun regret, ni abandon ni faiblesse. Je ressemblais, je crois, à une enfant extraordinairement vivante et gaie – trop gaie, peut-être. Je jouais avec une violence qui me laissait dans un état d'excitation proche de l'état second. On avait bien du mal à me calmer, m'a-t-on dit. Sans doute le répit m'était-il encore trop dangereux… Je vivais. Je sur-vivais, je m'étourdissais de rires et de cris et l'on pouvait se dire, puisque je n'offrais jamais prise à la tristesse, que j'avais incroyablement « bien pris » la chose. On pouvait aussi en être effrayé et croire que cet enfant-là était une sorte de monstre.

Un monstre, oui. Un petit monstre d'indifférence...

C'est ce que se dit, je crois, ma grand-mère, elle qui pleurait sans doute tous les jours la perte, en une seule semaine noire, d'un mari et d'un fils.

Mon acharnement brutal à ÊTRE sans eux, mes rires et mes cris devaient être pour elle un contrepoint si insupportable à sa propre douleur qu'elle tenta un jour d'abattre cette monstrueuse indifférence.

Elle y réussit pleinement. Si pleinement que ce moment-là reste le seul souvenir présent en moi dans les mois qui suivirent leur mort, un souvenir aussi sensible et frappant que celui de l'enterrement. Si je ne peux décrire ni même savoir ce qui se passait en moi, la seule émergence de ce moment intense au milieu du flou de toute cette période me prouve qu'il devait s'opérer en moi un véritable dédoublement de personnalité, l'établissement d'une frontière intérieure entre un moi blessé qu'il fallait annihiler à toute force et un moi nouveau qui devait survivre, et ne survivait peut-être qu'à ce seul prix.

Ma grand-mère viola une fois cette frontière mal affirmée, si fragile encore qu'un seul geste lui suffit. Un geste tombant au moment propice, et mon insensibilité apparente fut pulvérisée.

C'était, je pense, quelques mois après leur mort, six ou sept mois peut-être, car je me souviens qu'il faisait beau et que la température clémente laissait libre circulation entre la maison et le jardin. J'étais vêtue légèrement – je garde une impression physique de jambes nues – et il y avait du soleil.

Ma tante était à son travail et nous étions donc seules dans la maison, ma grand-mère et moi. C'était peut-être un jeudi, jour où je n'allais pas à l'école, et je jouais dans le jardin, violemment comme à l'accoutumée, tout à fait perdue dans mon monde et gambadant comme un animal jusqu'à l'étourdissement.

C'est dans cet état, hors d'haleine et l'esprit tout à fait abandonné, que je rentrai pour je ne sais quelle raison dans ma chambre.

Le choc me cueillit en plein mouvement – je sens encore mon mouvement stoppé net et la douleur qui me déchira en une seconde. Posée bien en évidence sur mon lit, il y avait une photo de mon père et de ma mère. C'était la première fois, je crois, que je revoyais leurs visages depuis qu'ils étaient morts. Sans avoir le temps de m'en défendre, je les vis et les reçus, leurs visages souriants, là, à tous les deux. Clouée sur place, j'éclatai en sanglots.

Ma grand-mère accourut en entendant mes cris – elle ne devait pas être loin, guettant ma réaction, puisque je me souviens de mon déchirement puis de sa présence presque immédiate – et se précipita vers moi, tentant en vain d'apaiser ce déluge de larmes. Il y eut un long moment terrible où elle ne sut plus que dire et que faire pour calmer cette crise de désespoir qu'elle avait provoquée.

Elle escamota rapidement la photo, la cacha mais c'était trop tard, leur image était entrée en moi, la faille était ouverte et ce que je refoulais depuis des mois débordait, irrésistible. Ma grand-mère s'était mise à pleurer elle aussi et tournait autour de moi, impuissante. Elle me demanda plusieurs fois pardon, puis elle murmura maladroitement quelques mots à mon oreille :

« Pardon... Je voulais savoir si tu sentais quelque chose. »

Comme je la comprends.

Non seulement maintenant, mais tout de suite je la compris, sur le moment même, malgré ma crise. Et je ne lui en voulus jamais de ce geste apparemment cruel.

Non, je ne lui en voulais pas. Et je n'ai jamais compris pourquoi.

Je n'avais aucune raison, à ce moment-là, de trouver touchant ce geste maladroit, si rebelle à la souffrance que, par exemple, j'en voulus longtemps et profondément à ma famille de m'avoir fait subir l'épreuve de l'enterrement où j'avais éprouvé un déchirement semblable. Or ceci était bien pire... Si l'enterrement, fait inéluctable, social, intervenant peu de temps après leur mort dans une douleur générale avait provoqué en moi une telle révolte que je la ressentis vivace des années après, qu'aurait dû être mon rejet de cet acte isolé où un individu, de sa propre volonté, m'avait mis sous les yeux à l'improviste, dans un moment où j'étais sans défense, la photo de ceux que j'avais perdus simplement pour voir « si je sentais quelque chose ». Dans la logique de ma réaction j'aurais dû haïr cette personne à tout jamais.

Et pourtant non. La crise passée, mes larmes séchées et la photo remisée au fond d'un placard, je suis certaine que je n'eus pas de rancune et qu'au contraire s'il y eut connivence et amitié entre ma grand-mère et moi nous le devions à ce qui s'était passé ce jour-là.

Je me souviens d'un grand moment de paix dans la cuisine, après que nous fûmes descendues de ma chambre. Ma grand-mère allait et venait autour de moi, émue et tremblante encore, elle ouvrait un pot de confiture, me faisait des tartines, avec des mots doux et incertains, et me les donnait à manger. Elle m'aurait tout donné pour me consoler de ce qu'elle avait fait.

Assise sur une chaise près de la table, hébétée, je mangeais les tartines. J'avais besoin de manger dans cet état fragile et convalescent d'après les larmes où, la tête qui tourne un peu, l'esprit vacant, comme lavé, on redécouvre le goût du pain et la sensation toute neuve de l'air au fond des poumons libérés.

Une petite phrase, un regard. « Tu veux une autre tartine ? » La paix et le silence furent sur nous un moment dans la fraîcheur de cette pièce pendant que le soleil entrait par la fenêtre. Le temps d'après le chaos passait et nous le laissions passer.

Je ne sais pas si elle raconta à ma tante, le soir, ce qui s'était passé. Je ne sais pas. Je crois plutôt que ce moment resta entre nous et nous n'en reparlâmes jamais.

Elle était rassurée, certes, je n'étais pas un monstre d'insensibilité. Je souffrais comme elle, sans le montrer, et elle pouvait donc m'aimer. Elle ne pouvait sans doute pas m'aimer avant de le savoir. Si j'avais tout de suite compris cela – elle s'était bien fait comprendre –, j'avais lu aussi dans ses yeux qu'elle n'était pas très fière du moyen par lequel elle avait balayé ses doutes à mon sujet. Elle avait dû préparer son coup à l'avance, choisir la photo, attendre le moment propice, c'est-à-dire un moment où elle était assurée d'être seule avec moi, sans témoin, hésiter peut-être avant de mettre la photo bien en vue et guetter l'effet qu'elle aurait sur moi. Avec un instinct très sûr elle avait senti qu'elle ne m'aurait que par surprise, sans que j'aie le temps de me défendre, par une sorte de croc-en-jambe moral. Un piège. Elle m'avait bel et bien tendu un piège et elle en avait honte. C'est pourquoi je crois qu'elle se tut.

Oui, j'avais bien compris tout cela.

Repensant à cette scène, bien des années plus tard, je revenais toujours à elle, à ses motivations, à ce qu'elle avait pensé avant et après, à son soulagement et à sa honte que je comprenais si bien, et j'échappais ainsi à ce qui me restait incompréhensible : ce que j'avais ressenti, moi.

Pourquoi ne m'étais-je pas révoltée contre elle ? Pourquoi, bien au contraire, cette paix et ce calme qui m'avaient si doucement enveloppée dans la cuisine ? D'où m'était venue cette détente profonde de tout mon être, cette sensation si pure d'être lavée, ouverte et neuve ? Cet état de bienheureuse convalescence qui m'avait envahie restait un mystère total.

Je ne comprenais pas – Dieu ! que nous sommes lents à saisir ce qui nous touche au plus profond, une si simple vérité, parfois, si évidente que lorsqu'elle nous apparaît soudain, dans l'éclair d'éblouissement qui la dévoile, on se demande par quel phénomène un si mince brouillard d'incompréhension a pu nous l'occulter si longtemps ! – je n'ai donc jamais compris jusqu'à aujourd'hui que je devais cet indicible moment de paix intérieure à mon propre soulagement.

Trente ans pour comprendre – et se cacher une si simple vérité pendant trente ans ce n'est pas rien – que si je n'eus pas de rancune envers ma grand-mère c'est qu'elle me fit ce jour-là un inestimable cadeau. Elle m'offrit, en un seul geste apparemment cruel et maladroit, l'occasion de laisser libre cours à la douleur endiguée depuis des mois tout au fond de moi, de la ressentir et de l'exprimer, mais elle m'offrit par-dessus tout de reconnaître que « je sentais quelque chose », de savoir moi aussi que je n'étais pas un monstre et d'en être profondément rassurée. Moment limpide et précieux de réconciliation avec moi-même et ce qui était.

Dans la pénombre et la fraîcheur de cette cuisine j'étais calme et sans plus de défense, vidée de mon chagrin après l'avoir reconnu. Les morts étaient dans l'ombre, figés sur leur photo dans le placard, mais je les portais en moi. Dehors étaient le soleil et la nature vivante, et je les regardais par la fenêtre. J'étais au milieu, et dans ce moment de trêve en parfaite communion avec ceci ET cela, l'ombre et la lumière, les morts tout près et la vie devant moi.

Ce fut un court, très court moment de paix et d'équilibre. Puis le temps ordinaire reprit son cours, il fallut de nouveau bouger, parler, jouer et vivre. Et l'équilibre fut rompu.

Je laissai ma grand-mère dans la cuisine, je la laissai dans l'ombre avec les morts et les regrets, et je m'élançai hors de cet instant béni pour retrouver mes cris, mes ruades, le soleil et le refus de souffrir. Ayant éprouvé que mon insensibilité était illusoire, j'embrassai de nouveau l'illusion, la fis mienne avec toute la force de mes neuf ans, et je me refermai.

Avec l'aide de ma tante, ma tante elle aussi rebelle à la nostalgie, avec tout son amour et son enthousiasme à pousser vers l'avenir cette enfant qui lui était échue si tardivement, je repris la lutte, la lutte joyeuse et aveugle pour la vie contre la mort.

Faites pleurer les enfants

Maintenant que je reconnais – si tard – le chemin que j'ai pris et qui m'a amenée à écrire ce livre, un chemin que nul, peut-être, n'aurait pu m'empêcher de prendre tant était puissante ma résistance à la souffrance et mon instinct de faire bloc contre elle pour la nier, j'ai envie de dire quelque chose.

On rêve toujours que ce que l'on écrit puisse être utile à quelqu'un, ne serait-ce qu'à une seule personne, que ce que l'on a sorti de soi avec peine ne reste pas un monologue stérile, sinon autant vaudrait prendre ces pages et les enfermer tout de suite dans un tiroir.

Alors, à tout hasard…

Si vous voyez devant vous un enfant frappé par un deuil se refermer violemment sur lui-même, refuser la mort, nier son chagrin, faites-le pleurer. En lui parlant, en lui montrant ce qu'il a perdu, même si cela paraît cruel, même s'il s'en défend aussi brutalement que je l'ai fait, même s'il doit vous détester pour cela (mais ce que je dis là est impossible à faire… Tout en écrivant ceci j'ai devant moi les yeux de ma grand-mère, si pleins de douleur et de honte après qu'elle m'eut montré le visage de mes parents, je vois l'eau de ses yeux, ses mains tremblantes et affairées à consoler et j'entends sa voix déchirée me demander pardon. Jamais elle n'aurait pu recommencer à me faire souffrir ainsi, une personne aimante a envie d'épargner. Et pourtant…). Pourtant, percez sa résistance, videz-le de son chagrin pour que ne se forme pas tout au fond de lui un abcès de douleur qui lui remontera à la gorge plus tard. Le chagrin cadenassé ne s'assèche pas de lui-même, il grandit, s'envenime, il se nourrit de silence, en silence il empoisonne sans qu'on le sache.

Faites pleurer les enfants qui veulent ignorer qu'ils souffrent, c'est le plus charitable service à leur rendre.

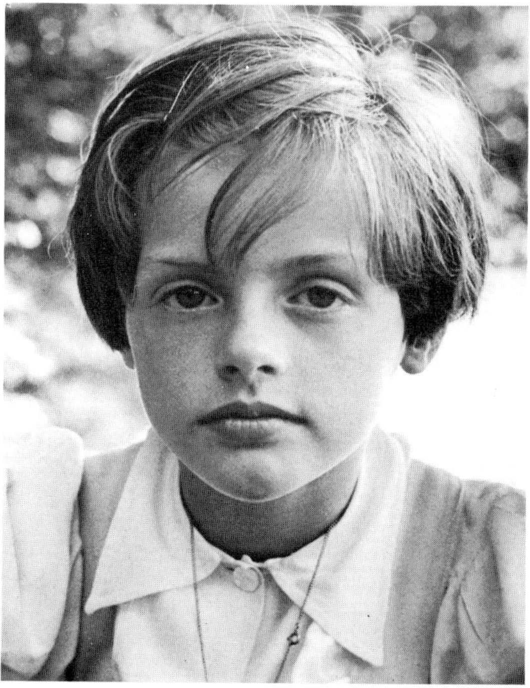

Portrait intemporel

C'est le dernier portrait que mon père fit de moi, probablement pas très longtemps avant sa mort. Je le trouve extraordinaire.

C'est ma photo. Elle résume tout ce que je suis profondément, sans défense. Ces yeux-là sont ceux que je vois dans mon miroir trente-cinq ans après quand je suis seule avec moi-même, sans masque, sans effort pour paraître.

Ainsi parfois je vois mes enfants, dans des moments de grande fatigue ou d'abandon, je vois fugitivement – si fugitivement qu'il faut vivre l'appareil photo armé en main pour capter cela ! – leur visage intemporel se superposer à leur figure d'enfant. Regard, expression rassemblent en une seconde ce qu'ils sont profondément et tous les âges de leur vie. Leur visage.

Et puis cela fuit, l'abandon se casse, ils régressent, ils rient, ils trichent, ils réintègrent le moment.

Mon père m'a saisie dans une de ces secondes où l'être est rassemblé. Il a fait mon portrait intemporel. Or il date d'avant leur mort, et j'étais déjà cela...

L'autre et semblable

Et puis vint l'autre séparation.

Une fois passées les premières semaines de stupeur douloureuse, il avait bien fallu faire face à l'événement et s'organiser pour « l'ensuite ». Deux enfants restaient, moi et ma sœur de cinq mois, et personne n'ayant les moyens d'assumer la charge de deux enfants, il fut décidé de nous élever séparément.

Après la disparition des parents ce fut ma plus grande douleur, et ce qui nous arriva de pire, je crois, à ma sœur et à moi.

J'avais été si heureuse de cette naissance. Ce bébé qui arrivait dans ma vie alors que j'avais passé l'âge de la rivalité enfantine m'était un merveilleux cadeau. Après avoir été huit ans enfant unique je n'étais plus seule, et je pouponnais des heures comme une petite maman. Cette sœur qui m'était offerte, c'était mon bébé à moi. Après le grand choc de la solitude irréversible, m'enlever ce bébé que j'avais commencé à aimer était une bien cruelle épreuve. On me vidait les bras de l'être qui m'était le plus proche et sur lequel j'aurais pu reporter ma tendresse. Ceci a concouru grandement, je crois, au fait que je me renferme si farouchement sur moi-même. Être amputée en quelques jours de tous ses objets d'amour, père, mère, sœur, il y a là de quoi – sans chercher à me fournir d'excuses – forger un égocentrisme forcené ! Mais avant de continuer, je dois préciser quelque chose. J'ai bien peur qu'en décrivant si sèchement les événements je ne donne de ma famille une image tout à fait fausse. On nous a séparées, soit. Cela semble, résumé ainsi, un geste brutal, sans cœur, qui faisait fi de nos sentiments – du moins des miens, le bébé étant trop petit pour les exprimer clairement.

En réalité, il n'en était rien. Chacun faisait ce qu'il pouvait avec amour, avec sa peine et pour le mieux.

J'ai pensé aussi plus tard que les deux familles, ayant perdu chacune un enfant, s'étaient en quelque sorte partagé équitablement ce qui restait de la catastrophe, c'est-à-dire nous. Un descendant de chaque côté, moi dans la famille paternelle et ma sœur dans celle de ma mère. Une manière de se consoler, de compenser, de posséder une petite part survivante de ce fils ou de cette fille disparus.

Aurait-il pu en être autrement ?

Je ne sais. Un arrangement eût peut-être été possible pour éviter de nous séparer. Mais alors une des deux familles eût été frustrée de sa consolation...

Et puis on ne peut pas, surtout dans un moment de grand deuil, penser à tout et si loin. Personne ne peut prévoir les conséquences de ses actes si longtemps à l'avance – de toute manière, hasardeuses suppositions ! Freud lui-même n'aurait-il pas dit à propos de l'éducation des enfants : « Faites le mieux possible, de toute façon ce sera mal... »

Ce qu'ils ont choisi de faire était le mieux pour tous – du moins pour les adultes – à ce moment-là. Nous devions nous rencontrer, ma sœur et moi, le plus souvent possible – ce qui se passa, du moins pendant quelques années. Mais si nous nous voyions régulièrement, élevées dans des maisons différentes par des familles différentes, nous ne pouvions pas vraiment nous connaître. Ce manque de réel contact entre nous fut catastrophique, mais cela n'apparut que bien plus tard.

A ce moment-là la différence d'âge aussi nous séparait, et si nous nous jetions l'une sur l'autre avec affection au cours de ces visites, quelques heures de câlins et quelques baisers par semaine semblaient nous suffire, et je repartais vers mes occupations de neuf, dix, douze ans, la laissant à ses jeux de un, deux, quatre ans sans déchirement apparent. Nous nous retrouverions la semaine suivante, ou quelques jours pendant les vacances.

Tout allait bien. Et si nous voulions mieux nous connaître

et entretenir des rapports plus intimes, il en serait toujours temps plus tard. Nous avions toute la vie devant nous.

Plus tard, bien sûr...

Ce qui se passait n'apparut à personne, et surtout pas à nous, si jeunes, qui le vivions si inconsciemment : nous rêvions.

Nous rêvions l'une de l'autre, à distance, en idéalisant cet autre nous-même qui restait de la catastrophe familiale. Nous étions l'une pour l'autre l'idée de la famille sacralisée en une personne. Et ainsi se créa petit à petit un sentiment de gémellité – une gémellité tout à fait abstraite.

Moi j'attendais que grandisse cette petite sœur, mon bébé, mon double, la personne au monde la plus semblable à moi et qui m'était promise comme l'amie idéale quand elle serait en âge de l'être. De son côté, elle devait confusément attendre de cette grande sœur lointaine qu'elle remplace un jour le père et la mère qu'elle n'avait pas connus. Et en attendant j'étais aussi l'autre, la semblable inaccessible, en avance de huit ans.

Et puis petit à petit, au fil des années, les deux familles réunies par le mariage de leurs enfants s'éloignèrent l'une de l'autre, séparées plus sûrement par le drame que par un banal divorce. Le point de jonction entre elles était mort, et quels que soient les liens d'affection qui avaient été tissés auparavant, la mort était là, présente, et les souvenirs douloureux ravivés à chaque rencontre. Or je ne crois pas que la douleur rapproche les gens, au contraire. Un premier temps on se réchauffe, puis très vite on souffre chacun pour soi, on évite d'en parler. Puis on s'évite, tout simplement. Les morts font bien des dégâts autour d'eux...

De plus, le même cas de figure, bizarrement, se produisait dans les deux familles : deux filles, l'une veuve, l'autre célibataire, vivaient avec leurs mères, ma grand-mère paternelle trois fois veuve, et ma grand-mère maternelle nantie d'un mari exilé dans son atelier au fond du jardin. Et ces deux maisons de femmes recueillirent chacune une fille orpheline.

Je ne vais pas discourir et échafauder une théorie à la manière de Marcel Aymé sur le sexe des familles, mais celles dont j'étais issue étaient incontestablement à dominante femelle. Si l'on peut appliquer à deux cellules familiales le principe du fonctionnement des prises électriques – par exemple – elles avaient fort peu de chances de s'accorder. Le choc des deux matriarcats, sans faire de terribles étincelles, ne fut pas très concluant.

Et puis quand elle eut huit-neuf ans, l'âge où nous aurions pu commencer à avoir un vrai dialogue, où elle allait avoir peut-être le plus besoin de moi, je m'éloignai encore – je quittai ma ville natale pour aller mener ma vie à Paris.

C'est ainsi que pendant douze ou quinze ans nous restâmes de parfaites inconnues l'une pour l'autre, ma sœur et moi, tout en adorant en secret l'IDÉE que nous avions l'une de l'autre. Nos rêves nous préparaient des retrouvailles bien difficiles...

Mais son chemin à elle fut, je crois, le plus dur. Apparemment le plus grand choc avait été pour moi – en âge de comprendre, de vivre consciemment les choses, les trouver morts ce matin-là était une épreuve épouvantable, mais quand on se heurte à une réalité si crue on est bien forcé de réagir.

Comment peut réagir un bébé de six mois brutalement privé de sa mère ? On croyait – du moins à l'époque – qu'un enfant de cet âge est tout à fait inconscient, et personne ne se posa beaucoup de questions quand ce bébé si doux se mit brusquement à pleurer, à taper et à repousser quiconque approchait le berceau dès son réveil. On se dit qu'elle avait vaguement « senti quelque chose » mais qu'elle ne pouvait pas comprendre que ses parents étaient morts. Évidemment.

Il fut décidé de lui épargner cette connaissance et même de lui cacher le plus longtemps possible l'existence d'un père et d'une mère disparus. Mes grands-parents maternels se firent donc appeler « papa » et « maman » pour tenter de les remplacer tout à fait, et aussi par peur – il faut bien le dire – d'être moins aimés d'elle si elle savait.

Je ne vais pas m'étendre sur ce sujet, Françoise Dolto a

dit des choses bien plus savantes que je ne pourrais le faire sur la nécessité de dire la vérité aux enfants sur leur origine, quelle qu'elle soit, et sur les dégâts qui résultent d'une prime enfance vécue dans une atmosphère de mensonge.

Ma sœur eut à se débattre seule pendant ses premières années dans ce flou et ce non-dit. Quand j'eus quatorze ou quinze ans, il s'imposa à moi que cette situation était malsaine et insupportable, mais lorsque je passai outre à l'interdiction qui m'avait été faite de lui en parler et que je décidai de lui dire la vérité, elle la savait déjà, bien sûr. Par des voisins, par recoupement – pourquoi sa sœur ne vivait-elle pas avec elle et n'appelait-elle pas « papa » et « maman » les personnes qui étaient censées être ses parents ? Pense-t-on les enfants assez stupides pour ne pas enregistrer tous les détails illogiques, les informations contradictoires, et les mettre bout à bout pour décrypter la vérité que l'on veut leur cacher ?

Elle savait, bien sûr. Elle savait sans doute si profondément que les racontars des voisins ne furent qu'une confirmation de ce qu'elle sentait.

Ce qui se passa ensuite pour elle, en elle, c'est son histoire. Elle lui appartient.

Si j'en parle ici c'est que c'est aussi mon histoire, et que cette séparation et les maladresses commises à cette occasion pèsent encore lourdement sur nous. Nos chemins séparés se sont rejoints, puis séparés encore, puis croisés de nouveau et rejoints, en des circonstances apparemment dues aux hasards de la vie. Hasards, vraiment ?

Bien sûr nous avons grandi. Petit à petit nous avons appris à nous connaître et à reconnaître nos différences. Pourtant au-delà de l'amitié lucide et mûrie qui est venue et que nous cultivons, et bien que nous menions nos vies d'une manière différente, le même regret de ces deux morts et l'enfance commune qui nous a échappé nous lient indissolublement dans une même histoire, une histoire écrite malgré nous et qui nous mène, malgré tout.

Nous avons souvent ensemble des fous rires stupides et

irrépressibles, une connivence et un laisser-aller de gamines jubilant d'être ensemble. Et nos propres enfants regardent parfois ces deux grandes bringues qui sont leurs mères s'adonner sans retenue à leur crise de régression infantile – et que c'est bon, et on se roule dedans ! – et ils s'arrêtent de jouer, ébahis. On sort de notre rôle, ça les gêne un peu. Généralement les mères sont plutôt sérieuses, ou si elles sont gaies ce n'est pas de cette manière débridée et indécente, les adultes ont une autre manière d'exprimer leur joie. Ils sentent bien qu'il se passe là quelque chose qui surpasse la simple gaieté et qui leur échappe.

« Arrêtez ! Qu'est-ce qui vous prend ? »

Il nous prend, chers petits qui n'êtes pas orphelins et qui jouez librement ensemble, que vos mères retrouvent ainsi une part d'enfance qui leur a échappé, qu'elles se vengent tardivement de tous les fous rires et des complicités enfantines qu'elles n'ont pu avoir. Il est des manques qu'on met la vie entière à rattraper…

Mais tout de même, nous sommes de grandes filles, maintenant. Nous ne sommes plus à la merci de notre rêve de gémellité, de symbiose parfaite. Et si nous restons l'une pour l'autre l'être le plus proche au monde, né d'un même père et d'une même mère – mon amie, ma sœur –, nous savons que l'autre n'est pas semblable et nous apprenons à nous aimer telles que nous sommes.

Pourtant nous nous appelons toujours l'une l'autre, indifféremment, par le même surnom.

Il y a là de quoi faire sourire le moins fin des psychologues…

Le baptême de ma sœur.

Quelques jours, peut-être, avant leur mort.

Quelle est cette ombre sur le visage de ma mère, si triste, en si peu de temps vieillie ?

Ils étaient amoureux, ils étaient gais, c'était l'après-guerre. On faisait des choses amusantes sur les plages, on prenait des poses.

Et puis on se mariait.

Mariage ou enterrement

Ma sœur ne connaissait pas cette photo de nos parents à l'église, le jour de leur mariage.

En la découvrant elle eut un recul devant la tristesse qu'elle dégage, et me dit :

– Hooo... Qu'est-ce que c'est que ça, un enterrement ?

– Non. Leur mariage.

On a ri, mais on a ri !!

La photo de tous les départs

Cette photo me serre la gorge. Je n'en connais pas de plus triste.

Elle symbolise pour moi toutes les maisons que l'on quitte pour n'y plus revenir, les étés passés, les pans de vie qui s'écroulent, l'amertume du temps qui fuit, les morts qu'on laisse derrière soi, le regret... Elle est l'envers du décor heureux, l'exact opposé de la photo de famille prise dans la même maison, mais sur l'autre versant du coteau, dans le verger ensoleillé. Elle est la solitude quand la belle saison est passée.

En regardant cette image j'essaie en vain d'imaginer que je pourrais aller vers la maison. Rien à faire. Je m'en vais. Elle s'éloigne irrésistiblement, comme si je la regardais une dernière fois par la vitre arrière d'une voiture qui m'emporte. Elle est déjà toute grise, l'éloignement et la pluie noient les détails, comme va bientôt le faire la mémoire. A peine si je distingue encore un bout de gouttière, le haut des pommiers dénudés par l'hiver qui dépassent du talus. Il cache le pré en pente où je ne ferai plus jamais de galipettes, le potager abandonné. La maison est une coque vide et silencieuse et quelques pommes oubliées vont pourrir sur les claies de la remise.

C'est le soir, il pleut, la voiture fuit avec moi sur la route. C'est tout juste si je n'entends pas le chuintement, le bruit de petite déchirure que fait l'eau sous les pneus. Dans deux, trois secondes tout sera fini, il sera trop tard, la maison aura disparu de ma vue et de ma vie après le virage. Je n'y reviendrai jamais.

On reste un instant encore le regard fixé vers la chose perdue, passe la seconde vide où l'on mourrait volontiers pour n'avoir plus rien à quitter, rien à voir mourir.

Puis on ne meurt pas, on se retourne pour regarder vers l'avant, vers ce qui arrive.

Les choses se sont peut-être passées ainsi quand je quittai cette maison, ou peut-être pas. Je n'ai aucun souvenir du déménagement ni de la saison où il se fit. Mais la photo à elle seule me raconte tous les départs.

Je n'y revins effectivement jamais, mais je sais qu'elle a été détruite.

Une seconde d'inadvertance mortelle

Je me refermai, oui.

Ce coup de scalpel que ma grand-mère donna dans mon chagrin noué en me mettant sous les yeux la photo de mon père et de ma mère eut pour résultat de durcir davantage ma réaction contre leur mort.

Ça faisait trop mal, j'étais incapable d'assumer cette douleur. Il fallait donc être plus forte, plus imperméable, garder une vigilance constante pour ne plus courir le danger d'être prise en traître par elle. Ce piège qu'elle m'avait tendu, au lieu d'attendrir ma résistance, avait été une bonne leçon – on ne m'y prendrait plus.

Et l'on ne m'y prit plus. Jamais.

Photos, visites au cimetière, évocation de leur existence ne me cueillirent plus jamais en état de non-contrôle. Mon esprit dut s'imposer, je suppose, un qui-vive permanent pour établir une sorte de système de sécurité qui devint peu à peu automatique, comme une seconde nature. Je devins double. Il y avait le moi clair et gai, terriblement vivant, et un moi intérieur blessé, un petit moi noir refoulé au plus profond, dont je ne voulais pas.

La douleur qui me venait d'eux étant sous bonne garde du contrôle de mes émotions, je ne pleurai plus jamais directement à leur sujet, mais l'angoisse et le sentiment de malheur qui m'habitaient et que je cherchais à étouffer de toutes mes forces prirent des moyens détournés pour sourdre malgré moi.

D'abord vers onze-douze ans, je me hasardai à tomber amoureuse.

L'élu de mon cœur, plus âgé que moi de quelques années, était un jeune homme tout à fait normal, c'est-à-dire nanti d'une mère, d'un père, de frères et de sœurs, et, toutes ces paires de bras naturellement à disposition, d'une sécurité de tendresse dont il n'imaginait pas – et pourquoi l'imaginerait-on avant d'en faire l'expérience ? – qu'elle pût lui faire défaut. Un jeune homme standard, en quelque sorte, dont la demande amoureuse standard ne recherchait aucune compensation à un manque profond.

Il fut donc sincèrement ému d'abord, puis ébahi, incompréhensif, peu à peu débordé, et finalement rebelle au sentiment total, obsessionnel et quasiment mystique que je lui vouais. Un sentiment qui le dépassait largement, c'est le cas de le dire.

Je ne sais s'il est des premières amours heureuses – je le souhaite–, mais s'il est vrai qu'elles rappellent à tous les anciens bébés que nous sommes la symbiose première avec les parents, les miennes avaient fort peu de chances de l'être ! La blessure d'amour qui me venait d'eux était bien cruelle et toute fraîche encore, et les bras grands ouverts, éperdue, j'appelais de tout mon être une consolation que ce jeune homme – le pauvre – était bien incapable de me donner. Quoi qu'il puisse faire, dire ou me prouver, j'appelais, je demandais, j'attendais plus et plus encore, je vivais un sentiment de manque perpétuel et d'abandon. J'étais à la merci d'un mot, d'un geste attendu, d'un passage de mobylette chevauchée par l'Élu sous mes fenêtres et un rendez-vous manqué me plongeait dans le désespoir. J'avais fait de lui le bouc émissaire de ma souffrance, et donc je souffrais, je dépérissais, je pleurais.

Parallèlement à cela, bien sûr, je vivais ma vie tout à fait activement, lycée, cours du soir de dessin, cours de danse, le moi clair fonctionnait. Mais je ne vais pas décrire ici toutes mes activités « normales », seule m'intéresse la ligne de fond que je crois – je crois seulement – avoir décryptée, ce petit moi sombre qui devait s'exprimer d'une manière ou d'une autre.

Dans le même temps – un temps très indéfini au cours de cette crise d'amour perpétuellement déçu, laquelle dura presque trois ans – je fis une découverte.

Ma tante m'emmena un jour visiter le muséum d'histoire naturelle de Rouen, dont l'entrée se situe dans un très joli petit square, dans le haut de la ville.

C'était – c'est peut-être toujours – un musée très ancien, mystérieux à souhait, avec des coins sombres, de grandes salles à l'ambiance morbide, une atmosphère de crypte et, flottant partout, une odeur douceâtre de formol, de poussière – en un mot, de mort. J'y reçus, sans le montrer bien sûr, un grand choc.

Les reproductions des grands animaux préhistoriques, la flore et les minéraux ne retinrent pas particulièrement mon attention, mais je restai vissée devant les bocaux où l'on avait conservé des fœtus, des petits animaux, des organes, tous ces bouts de chairs qui avaient été vivantes un jour et qui flottaient à présent dans le formol, blanchâtres, parfois à demi décomposées.

La salle des squelettes, trop « sèchement » mortelle, m'indifféra, mais je restai fascinée, dans la partie égyptienne, devant une momie dont les bandelettes un peu écartées sur les jambes laissaient entrevoir un morceau de peau brune, séchée.

Puis enfin, tout au fond du musée, dans une vitrine en haut d'un vieil escalier de bois, je tombai en arrêt devant une tête réduite d'indien aux lèvres cousues, et ma fascination redoubla devant ce petit front ridé, ces yeux fermés qui avaient VU un jour, ces petites oreilles parfaitement formées, intactes, ces cheveux restés plantés dans la peau du crâne. Bien sûr tout le monde subit ce genre de fascination, mais elle prenait chez moi un sens évidemment particulier.

Je sortis du musée enchantée – au sens propre du terme, comme sous un enchantement – et puisque j'adorais cet endroit ma tante m'y emmena à deux ou trois reprises. Puis un peu plus tard, comme elle me laissait une grande liberté d'action et que je me promenais souvent à ma guise après l'école, ou sur le chemin du cours de danse qui n'était pas très éloigné du musée, j'y retournai seule. Plusieurs fois. Assez souvent en tout cas, je m'en souviens, pour que le gardien de l'entrée, accoutumé à me voir, me laisse finalement y pénétrer sans payer, comme si j'étais là chez moi.

Un peu plus de deux ans passèrent, pendant lesquels je vivais les malaises communs à toutes les adolescences, écartelée entre une énorme force de vie qui me poussait en avant et un sombre poids – particulièrement lourd, sans doute – qui me tirait en arrière. Et de loin en loin, quand cela pesait trop en moi, que le désespoir prenait le dessus – pour quoi, pour qui vivre ? – je venais dans cet endroit que j'avais secrètement reconnu comme mien.

Je restais une heure ou deux dans le silence et l'atmosphère de crypte du musée, je m'adonnais à ma fascination devant la momie ou un bout de chair conservée dans un bocal, je prenais ma dose de mort et curieusement, après, je me sentais mieux.

Je ne sais à quoi je pensais quand je restais dans un coin, immobile, le regard rivé à un bout de peau, vieux peut-être de milliers d'années, séché sur un os. Je ne pensais pas. Le temps n'existait plus. Dans un état de catalepsie mentale j'approchais l'indicible, le Mystère.

Jamais, je crois, je ne pensais directement à mes parents dans ces moments-là, à ce qui restait de leur corps, de leur chair et de leur peau, dont j'étais issue et que j'avais touchées un jour, et combien de temps cela resterait sous terre avant de disparaître tout à fait. Ou peut-être y pensais-je précisément, je ne sais plus...

En tout cas, j'étais là, devant ces débris de vie conservés, la tête vide, sans trace de tristesse ou d'émotion active, saisie, attirée, les membres froids, vidée de mes forces au point de devoir m'asseoir par terre ou sur une marche, totalement abîmée dans ma contemplation.

A me rappeler cet état dans lequel j'étais plongée, je peux très bien imaginer, sentir aussi, le visage que j'avais – mon visage intemporel sans défenses ni expression, et le regard même que mon père fixa sur la pellicule dans ce dernier portrait qu'il fit de moi.

Dans ces moments-là, moi qui voulais mes parents mais refusais si violemment la souffrance – malheureusement à présent indissociables –, qui ne parlais jamais d'eux, qui ne pleurais jamais lorsqu'on me parlait d'eux, qui les avais rayés, déjà peut-être, de ma mémoire, je passais dans cet endroit par-dessus tous les rituels sociaux, et au-delà de l'émotion je m'approchais d'eux. J'approchais la réalité de ce qu'ils étaient devenus. Dans ces moments-là, en somme, j'habitais leur tombe.

J'allais tenter de les y rejoindre quelque temps après...

Pendant ces quelques années, je tenais aussi un journal. Le français était l'un de mes seuls succès scolaires et j'avais découvert très tôt le refuge de l'écriture.

Ma tante avait conservé mes trois cahiers intimes et les redécouvrit dernièrement au cours d'un grand rangement. Ne sachant qu'en faire elle me les rendit.

Le tout s'intitule « L'histoire de MOI », le « MOI » seul étant en majuscules (sans commentaire). J'y consignais tous mes chagrins, mes joies, aussi, mes problèmes et mes aspirations vers... vers je ne savais quoi encore. Ces cahiers devaient être très nécessaires à mon équilibre car ils me suivaient partout. J'écrivais au lycée pendant les cours, dans les squares en attendant en vain mon Amour, et aussi en vacances. Le tout, agrémenté de dessins représentant des scènes de la vie quotidienne, est assez plaisant.

Il est toujours très émouvant de redécouvrir ses écrits d'enfant, mais je suppose qu'on doit les relire avec une pointe d'amusement et une grande distance, ayant laissé les malaises de ses jeunes années loin derrière soi. Je reconnus, avec surprise, que ce n'était pas mon cas...

Mis à part quelques histoires de lycée et de problèmes quotidiens véritablement périmés, les pensées que j'y notais m'étaient quelquefois encore très proches – je le constatai avec une certaine inquiétude quant à mon mûrissement profond ! – et l'écriture de ce journal étant assez peu « enfantine » j'aurais pu avoir écrit certaines phrases, ou même certaines pages, hier. Notamment celle-ci, que je découvris avec ébahissement au milieu du troisième cahier – donc environ écrit entre mes treize et quatorze ans – et où je parlais pour la seule et unique fois de la mort de mes parents.

« Il faudra un jour que j'écrive MON livre. Il le faudra absolument. Que j'y parle enfin [...!] de leur mort, que je dise ce que je garde tout au fond de moi et qui m'étouffe. Qu'ils m'ont appelée pour venir avec eux dans la salle de bains et que j'ai refusé obstinément de les SUIVRE [là c'est moi, maintenant, qui ai mis le mot en majuscules], et qu'après cela je les ai entendus mourir sans me réveiller vraiment... »

Il faudra que j'écrive MON livre...

J'en restai véritablement estomaquée. Alors que je venais de commencer avec peine sa rédaction, m'interrogeant encore sur le bien-fondé de ce projet hasardeux, je découvrais que la chose était en quelque sorte programmée en moi depuis presque trente ans. Long chemin souterrain et obscur d'une si vieille nécessité qui avait émergé dernièrement, toute fraîche, comme venant de naître.

Et ce qui me surprit peut-être le plus c'est qu'il m'était évident à treize ans qu'il ne suffirait pas de raconter tout cela à quelqu'un, ou de l'écrire pour moi seule dans un quelconque autre cahier afin de m'épancher, mais qu'il s'agirait, sans équivoque, d'un LIVRE.

S'ensuivent des pages où je notais des états d'âme de plus en plus sombres – sans plus jamais mentionner mes parents –, une envie d'arrêter de penser, d'arrêter d'attendre, de souffrir. Et enfin, clairement, une envie de mourir.

Puis, vers les dernières pages, je racontais ceci : « Cet après-midi je marchais le long d'un trottoir, sans savoir où j'allais. Je n'en peux plus, j'ai trop mal. Je voudrais en finir. J'ai entendu une voiture qui arrivait derrière moi, j'ai simplement fait un pas de côté, mon imperméable a claqué sur l'avant de la voiture, le rétroviseur a heurté ma hanche. C'est très facile. Je n'ai pas eu peur du tout. J'ai vu que c'était POSSIBLE. »

J'avais, en quelque sorte, fait une répétition.

Sans doute tous les adolescents subissent-ils à un moment ou à un autre une envie floue de mourir. Les pulsions de vie ne trouvant où ni comment s'exprimer, ils les étouffent, et la tentation est grande d'arrêter ces tourments en retournant en arrière, en regagnant le giron si reposant de la terre mère. En général ça s'arrête là, à une vague et romantique tentation. Dans mon cas particulier ma mère était vraiment sous la terre, et soif de consolation maternelle et mort ne faisaient qu'un.

Quelques semaines ou quelques mois plus tard – et je ne notai pas ceci dans mon journal, je m'en souviens, physiquement, comme l'un des moments importants de ma vie – je marchais le long du même trottoir, sur ces grands boulevards qui ceinturent la ville et où les automobilistes roulent assez vite, je marchais tout au bord, absorbée dans mon désespoir, j'entendis vaguement une voiture arriver derrière moi… et me retrouvai à l'hôpital.

Par chance – ou manque de chance, c'est selon… – la voiture que j'avais « choisie » sans la voir était l'une des plus basses qu'on trouvait à l'époque sur le marché, et son pare-chocs avant traînant presque au ras du sol m'avait black-boulée plusieurs fois sur la chaussée devant lui, refusant de laisser passer un corps, même un mince corps de treize ans, sous les roues.

Un peu après, à demi estourbie sur ma civière mais habitée par un grand calme intérieur (je me souviens de cela, et j'éprouvai à nouveau ce manque total d'émotion lors de deux ou trois accidents – véritables – qui faillirent me mettre en danger depuis. Ce rideau d'indifférence soudainement tombé entre moi et l'événement, ce froid, ce calme, cette non-envie de se battre pour rester en vie, je m'en méfie, l'ayant reconnu comme l'un des aspects les plus noirs de ma nature), j'entendais le pauvre homme qui était au volant de cette voiture expliquer – très ému, lui – qu'il n'avait rien pu faire sauf freiner À MORT car j'étais debout au bord du trottoir puis tout à coup couchée devant ses roues sans qu'il ait su ce qui s'était passé.

Moi non plus.

Non, vraiment, je ne le sais pas. Je ne peux pas dire que j'ai consciemment, volontairement tenté de me suicider. Non. Je sais simplement que tout était en place pour qu'arrive un accident de ce genre – mon besoin d'absolu dans l'amour, mes fascinations morbides, ma douleur et mon manque d'EUX enfoui, jusqu'à la répétition physique de l'acte que j'avais opérée quelque temps plus tôt, et mes treize ans, mes treize ans surtout, âge charnière des grands choix.

Je sais que je ne me suis pas jetée sous cette voiture – j'en aurais été bien incapable, je pense –, mais que toutes les données étant réunies pour que cela puisse être, cela a été. Et je ne sais vraiment pas comment ça s'est fait. Tout seul. Cet instant-là m'a échappé. (Je pourrais dire, littéralement, que je me suis échappée.) Il y a eu un trou, une bulle, un instant de non-pensée, un au-delà de l'indifférence qui a fait que mes jambes n'avaient même plus intérêt à me porter et qu'elles m'ont lâchée précisément au moment où la bascule était possible vers l'ailleurs.

Un état d'absence, d'abandon où, comme dans mes moments de fascination devant les cadavres du musée, j'approchai le Mystère, un instant d'absence si profond que ce qui m'en séparait devenait bien mince, la vie comme une bulle de savon chatoyante qu'un rien, une seconde d'inadvertance mortelle peut faire s'évanouir pour se retrouver de l'autre côté, *dans* le Mystère.

Nul besoin pour cela d'un effort violent, d'un acte d'arrachement. Non, au contraire. Perdre pied doucement, laisser la bulle vous entourer, la vie devenir reflet inconsistant, l'ailleurs vous attirer, s'oublier, glisser. Une seconde suffit. C'est facile.

J'avais peut-être aussi en moi le sentiment profond – à

voir si celui-ci est tout à fait périmé... – que j'aurais dû mourir avec mes parents si je n'avais pas résisté à leurs appels. J'avais peut-être tenté ce jour-là de réparer ma désobéissance, de vérifier si ma présence debout de l'autre côté du Mystère n'était pas une erreur du destin, de les rejoindre – et quel merveilleux repos, quel soulagement, quelle tentation à certaines heures, oui, de vous rejoindre, mes deux beaux endormis – et la mort, encore une fois, n'avait pas voulu de moi. Elle m'avait littéralement crachée à plusieurs reprises sur la chaussée devant les roues de cette voiture sous laquelle, ô ironie, je ne passais pas. Ça ne passait pas. Ce n'était décidément pas mon heure.

Bon. Soit.

Nous allions donc vivre.

A partir de là c'en fut terminé de mes grandes amours masochistes, de mes visites morbides au musée et même de mon journal intime. Je n'en avais plus besoin. Le petit MOI noir qui me tourmentait et me tirait en arrière avait été vaincu et comme dissous dans l'événement.

Peu après j'allais découvrir une autre école et surtout le théâtre. La vie changeait radicalement de couleurs et la porte de l'avenir était ouverte. Je m'y engouffrai.

Mon « suicide » manqué fut sans doute pour moi l'équivalent de ces rites initiatiques qui font passer les adolescents d'un état à un autre. J'en gardai même une petite trace dans mon corps, à l'instar des mutilations symboliques pratiquées dans certaines tribus pour marquer le « passage », une cicatrice sur la gauche du crâne, petit carré de peau où mes cheveux n'ont jamais repoussé.

Être orpheline, c'est épatant

Passé les romantiques déchirements de la préadolescence, vers quatorze ans être orpheline c'est épatant. Surtout à l'école. Ça vous pose, un truc comme ça. Ça met au-dessus de la mêlée des gamines ordinaires. Peut-être pas au-dessus mais à côté, en tout cas à l'écart. Mais un peu au-dessus tout de même. Surtout lorsque, physiquement, on a quinze centimètres de plus. Ça aide aussi. On survole. Du moins on en a l'impression... Et on s'en sert. C'est bien pratique, un drame aussi évident, presque théâtral.

Je m'en servis notamment d'une manière éhontée et sans aucun sentiment de culpabilité lorsque j'eus l'opportunité de quitter le lycée où je m'ennuyais fort – si fort que j'allais redoubler pour la troisième fois ma quatrième – pour entrer aux Beaux-Arts. La porte de sortie, enfin, la perspective grisante de pouvoir m'adonner tous les jours, toutes les heures, aux activités artistiques qui seules m'intéressaient.

Seulement si une dispense d'âge m'était accordée pour entrer plus jeune que prévu dans cette école, être nantie du BEPC était toujours obligatoire – ce BEPC que je n'aurais dû avoir qu'à la fin de la troisième (et encore si tout allait bien!), deux ans plus tard.

Deux ans! Une éternité. Il n'en était pas question. Je bûchai donc, et d'arrache-pied pour une fois, afin d'ingurgiter en trois semaines le maximum de ce programme de troisième au terme duquel aurait dû avoir lieu l'examen, et en « inscription libre », je le tentai.

De justesse reçue aux épreuves écrites, j'eus droit à un examen oral de rattrapage. C'est là que la chose me fut une véritable aubaine...

A peu près incapable de résoudre le plus simple problème arithmétique, ignorant jusqu'aux noms des affluents de la

Seine au bord de laquelle j'étais née – et je passe sur mes autres insondables lacunes en diverses matières, à l'exclusion du français et du dessin – je fus tout de même reçue à cet oral.

Je dus ce succès, j'en suis certaine, uniquement au fait qu'ayant l'opportunité de passer un moment en tête à tête avec tous les professeurs qui m'interrogeaient tour à tour, et s'étonnaient de cette inscription hors liste officielle, je leur racontai à tous – à tous sans exception – qu'étant orpheline de père et de mère je devais arrêter là mes études pour trouver du travail, car la personne qui m'élevait, veuve et nourrissant déjà sa vieille mère, n'avait pas les moyens financiers de m'entretenir plus longtemps. Devant subvenir à mes propres besoins, un petit diplôme me serait bien utile, même un tout petit comme celui-là...

Je fus, je m'en souviens, parfaite d'évidence, de dignité, sans trémolo sentimental superflu, ne négligeant pas toutefois le détail émouvant si l'on m'interrogeait sur le comment de leur disparition – c'est moi qui les ai trouvés, madame... – mais simple, épatante de pudeur et de retenue. Bien fait, vraiment. Je me tire encore mon propre chapeau. Alors franchement, comment refuser à une pauvre orpheline démunie un malheureux petit BEPC qui allait l'aider à s'en sortir ? La vie avait déjà été si dure avec elle. Personnellement je me serais accordé le bac en prime pour un numéro d'une si sobre perfection.

J'accueillis le résultat positif avec une joie sans mélange. Une joie peut-être même augmentée de la jubilation de savoir que j'étais vraiment nulle et que je n'aurais jamais réussi cet examen sans jouer de ma touchante situation d'orpheline.

Compensation. Revanche. Vous m'avez faussé compagnie, mes deux chers, un beau dimanche matin ? Vous vous êtes tirés en douce vers les limbes en me laissant là ? Soit. Autant que ça serve. Grâce à vous j'ai pu échapper à deux années de lycée et gagner le droit à une école plus conforme à mes goûts et à mes dons, et en plus sans que vous ayez votre mot à dire. Merci papa, merci maman.

Certaines de mes réactions ou de mes pensées m'ont rétrospectivement remplie de pitié envers moi-même, ou de honte. Mais pas celle-ci. Pas cette histoire-là, j'en souris encore. Et j'ai toujours envie de dire à la petite effrontée qui se servait de la mort de ses parents pour aller plus vite où elle voulait : bien joué. Ce n'est que justice.

S'ensuivirent trois années merveilleuses où, partagée entre les Beaux-Arts, la danse et la comédie le soir, j'étais occupée à plein temps par tout ce que j'aimais. Ma tante m'avait laissée libre d'emprunter cette voie avec une exemplaire liberté d'esprit, résistant hardiment à ceux qui la mettaient en garde contre le peu sérieux de cette orientation artistique. Elle avait aussi une envie de revanche, reportée à mon crédit, de n'avoir pu jouir de la même liberté, fille sacrifiée – comme tant d'autres de sa génération, sans parler des précédentes – aux études des frères, garçons destinés à nourrir femme et enfants, tandis que leurs sœurs étaient sorties de l'école à onze ans pour aider aux travaux ménagers ou, comme ma tante, pour servir les clients du bistrot familial. Quitte à ce que les revers de la vie, plus tard, les obligent à apprendre seules et en catastrophe un métier quelconque – et généralement bien quelconque.

Mis à part l'amour qu'elle me vouait, je crois que c'est cette frustration – cette même frustration qui la laisse aujourd'hui encore plongée de longues heures dans l'étude du dictionnaire, avec la passion et le ravissement que d'autres éprouvent à la lecture de romans d'amour – qui lui fit clamer courageusement à la face des détracteurs familiaux et autres : « Celle-là, au moins, fera ce qu'elle voudra ! »

Et certes, oui, je le faisais. Avec passion. Et je profite de l'occasion pour l'en remercier du fond du cœur. Jamais assez je ne la remercierai de n'avoir pas cherché, face à moi et me barrant la route par de peureux sentiments protecteurs, à remplacer ma mère, mais d'avoir été – et d'être toujours – à mes côtés, et bien plus librement, la complice et l'amie.

Le regret de la mort de mes parents ne venait plus jamais me tirer par les pieds. Bien au contraire, j'avais appris à m'en servir, voire à me vanter de mon état d'orpheline comme d'une originalité. Je parlais de mes morts, à l'occasion, brutalement, sèchement détachée. J'en riais. J'en riais énormément.

J'avais découvert la merveilleuse – et très classique – défense de l'humour. L'humour noir. L'humour rageur et ravageur, l'humour qui piétine joyeusement la souffrance pour lui rabattre son caquet, pour la nier. Pour la tuer. L'humour de si mauvais goût, souvent, qu'il laisse les autres pétrifiés alors que l'on se tape les cuisses, pliés en deux à propos d'une épouvantable plaisanterie sur les chers disparus. Jouissif. Terrible. Et non dénué d'agressivité envers les chanceux qui, eux, peuvent toujours embrasser leurs père et mère…

J'avais en quelque sorte trouvé le moyen de « renverser la vapeur ». La douleur était toujours là, et la révolte contre leur mort bouillonnant tout au fond de moi, invisibles, mais au lieu de les laisser m'étouffer, je les avais transformées en dynamique. Je l'utilisais comme moteur.

Le théâtre n'allait pas tarder à l'emporter sur les Beaux-Arts, et je délaissai vite la peinture, expression trop solitaire et donc porteuse pour moi d'une dangereuse intériorité. Que faire d'autre, face à une toile vierge, que de laisser émerger ce que l'on a au plus profond, même malgré soi ? Et c'était là, précisément, ce que j'étais en train de fuir.

La comédie avait pour moi, entre autres avantages connus – emploi royal de l'égocentrisme, confirmation de son existence et compensation d'un manque enfantin d'affection par le regard et l'amour du public – celui de me fournir l'occasion d'employer ma « seconde nature », mon système de sécurité interne, ce contrôle permanent de mes émotions profondes qui me vint – de cela je suis certaine – directement de la réaction contre leur mort. Le théâtre me permit en somme d'utiliser, et d'aguerrir encore par la technique, un manque total de spontanéité.

Il peut sembler étrange pour des personnes ayant une vision extérieure, côté public, de ce métier de comédien, d'entendre affirmer qu'un manque de spontanéité névrotique puisse être à l'origine d'une carrière dans une expression artistique qui paraît au contraire l'une des plus spontanées. Le secret est dans le « paraître ».

Il ne s'agissait pas, pour ce qui est de mon cas particulier, d'éviter l'émotion. Au contraire j'avais grand besoin d'exprimer des émotions, j'étais pleine d'émotions – pleine à craquer, pourrais-je dire, et il fallait justement soulever le couvercle de ma cocotte-minute intérieure pour empêcher que ça « craque » –, mais la grande affaire était de ne pas être piégée par l'émotion, de ne jamais, jamais être prise en traître par elle. La laisser m'envahir au lieu de la maîtriser, c'était mettre en danger mon équilibre, ouvrir la porte à ce que je maintenais refoulé, à ce qui faisait si mal, le risque de débordements incontrôlables, et voir où ça s'arrêterait.

Danger. Contrôle. Contrôle...

Quoi de plus idéalement adéquat, alors, que de lire un texte, un rôle, d'y reconnaître, cernés dans les mots et entre les lignes, des sentiments à exprimer, d'avoir le temps d'en démonter le mécanisme, de les ingérer intellectuellement d'abord puis de les digérer au cours de prudentes répétitions en pêchant au fond de la marmite ce qui est nécessaire pour les rendre – ô la fameuse « cuisine » intérieure des comédiens ! ô rassurante et secrète satisfaction de transformer un vice de caractère en qualité professionnelle ! – pour enfin restituer cette émotion, apparemment toute fraîche et spontanée aux yeux des autres, et même de l'éprouver soi-même tout à fait sincèrement mais en toute sécurité, l'ayant désamorcée de son dangereux potentiel de « surprise ». Contrôle. Contrôle... Et je m'étonnai longtemps d'être nulle en improvisation !

C'est bien sûr une seule facette – et bien restrictive – de ce qui me poussa à choisir ce métier. Mais c'est une part de ma vérité. Celle qui m'occupe ici. Une vérité peut-être qui eût pu ne pas être mienne, mais qui m'échut, par la force des choses, un dimanche matin.

J'avais trouvé ma voie, oui, la porte ouverte vers l'avenir. Elle me permit aussi, très vite, de quitter ma ville natale et, partant, d'échapper à tous les souvenirs qui s'y attachaient.

La distance physique qui corrobore l'oubli. La rupture consommée. La rupture aussi avec ma famille... Ce n'est que maintenant, avec le recul – et bien tardivement – que j'arrive à distinguer clairement la ligne que j'ai suivie d'instinct et qui me conduisit à rompre tout contact avec mes proches, à l'exception de la personne qui m'avait élevée.

J'ai fui. Il n'y a pas d'autre mot.

Dès que j'en eus la possibilité, j'ai fui. La ville, la région et, dans le même mouvement, mes oncles, tantes et cousins qui ont dû être choqués et meurtris de constater un désintérêt si total de ma part envers leur existence. Tout, lieux et gens indistinctement, était entaché de leur mort, et je m'en éloignai si farouchement, coupant tous les liens qui auraient pu me ramener en arrière, que je parvins à annihiler en moi – pour une bonne dizaine d'années – tout sentiment d'appartenance à une famille et à un lieu d'origine.

Mais ce rejet brutal – qui semble d'autant plus brutal rapporté en un constat aussi sec – ne prit pas une forme violente. Cela se fit tout doucement, imperceptiblement. Cela mit des années à se cristalliser en moi avant de se concrétiser avec mon départ.

Je ne savais pas pourquoi je rechignais de plus en plus aux réunions dominicales ou autres – cela se confondait avec l'envie adolescente, commune à toutes les adolescences, d'échapper au cercle familial. Ni pourquoi je ressentais un tel soulagement, une telle libération à l'idée de quitter ma ville natale –, l'excitation de construire mon indépendance pouvait l'expliquer, ainsi que mon peu d'empressement à y retourner ensuite.

Ni pourquoi aussi, plus tard, lorsque j'y revenais pour visiter ma tante, j'étais prise d'incoercibles crises de sommeil qui me jetaient sur un lit, inconsciente, presque jusqu'à l'heure de mon nouveau départ. Qui aurait songé à qualifier de « fuite » ces crises de sommeil ? Je réparais simplement mes forces, la vie parisienne est si fatigante...

La moindre réflexion, la moindre analyse de mon comportement auraient freiné, entravé ma fuite. Ça m'était impossible. Toutes mes forces ramassées, je courais hors de mon enfance, aveugle, sourde, le plus vite et le plus loin possible.

C'est à ce prix, si injuste qu'il soit vis-à-vis de mes proches, que je parvins à tuer LE REGRET. J'avais mis dix ans à parfaire ma carapace. Ma protection contre la souffrance de les avoir perdus était presque parfaite – pensant de temps à autre à EUX, je ne sentais plus rien.

Et repartant par le train les dimanches soir, assise seule et légère dans mon compartiment, je regardais fuir les ponts de Rouen sans un pincement au cœur. La vie était ailleurs.

Ils e-xis-tent

J'avais vingt ans, à peu près. J'étais seule à Paris, libre, indépendante, je commençais à faire des films – qui pour la plupart ne sont pas restés dans les mémoires, Dieu merci. Je n'avais pas eu l'occasion de retravailler au théâtre à la sortie du Conservatoire, alors que j'avais joué dans deux pièces pendant que j'y faisais mes études. J'étais jolie, on me demandait plutôt d'être devant une caméra, bardée de faux cils et la poitrine bombée. Je ne me posais aucune question, j'allais, et faisais ce qui se présentait à moi du mieux que je pouvais, joyeusement, au hasard des rencontres et là où le vent me poussait.

Brave gourde sans discernement, je ne m'apercevais pas que je m'éloignais de la base même de mon métier, de ce pourquoi mon instinct m'avait poussée à le faire, des textes, du travail sain des répétitions, et que j'étais utilisée comme une jolie fille qui pouvait bouger et parler, sans plus. Je n'avais pas d'amis pour me conseiller utilement, mais comment avoir des amis véritables, et comment eussent-ils pu être entendus de moi, caparaçonnée comme je l'étais d'indifférence, moralement sourde à tout ce qui aurait pu remettre en cause mon fonctionnement dans l'instant, tout ce qui aurait pu ouvrir une brèche à la réflexion ? Il est peu de dire que je vivais au jour le jour, j'étais tout entière dans l'heure, dans la minute présente, aveugle à tout le reste. C'est à ce prix, flottante et imperméable, que je gardais ma force.

Et c'en était une, d'ailleurs, car si cet état d'apesanteur me laissait artistiquement et humainement en friche, il m'évitait déceptions et désillusions. Sans rien posséder que moi, sans attaches, sans questions, sans projeter aucune ambition dans l'avenir noyé dans le même brouillard opaque que mon enfance, j'étais pratiquement invulnérable. N'ayant rien à perdre, j'écartais ainsi tout danger de souffrir.

Quelques-uns, je m'en souviens vaguement, se cassèrent les dents sur cette force anormale, ne sachant pas qu'elle ne tenait qu'à une indigence farouchement défendue. C'était très bien fait, si bien fait que j'en étais la première dupe. Je tournais donc des inepties sans m'en sentir amoindrie, en m'amusant, j'avais des fringales d'amour physique qui n'entraînaient ni sentiments ni attachement, j'ignorais donc la jalousie – je n'exagère pas, je l'ignorais totalement, sincèrement, et regardais avec des yeux ronds d'incompréhension ceux qui en étaient victimes, parfois par ma faute –, je me gardais en somme de tout échange véritable en m'écartant avec la prescience géniale des somnambules de tout et de tous ceux qui auraient pu mettre en danger mon invulnérabilité. Belle plante sans racines vivant de ce qui lui tombait du ciel, avec pour seul guide mon instinct et ma chance, je flottais à la surface de la vie, inattaquable. C'était la période de l'oubli triomphal, stérile et sans douleur. Elle dura quelques années, trois ou quatre, à peu près.

On pourrait se dire que je noircis le tableau. Il n'en est rien. Je vivais vraiment ainsi vers mes vingt ans. La chose, vue de l'extérieur, pouvait sembler magique et fascinante. Je me souviens d'une comédienne que j'avais côtoyée quelque temps. Femme belle et sensible, riche d'émotions et de contradictions, elle me regardait évoluer à ses côtés et s'écria un jour au terme d'une discussion avec moi, pleine d'envie et d'admiration : « Enfin ! J'ai rencontré une femme libre ! » Certes, je l'étais. Apparemment.

Elle ne se doutait pas, et a fortiori moi non plus, superbe d'ignorance et d'aveuglement, au-dessus de quels sables mouvants je dansais si légèrement.

Non, je ne noircis pas le tableau. Mais pour le compléter je dois tout de même dire que je sombrais parfois dans des crises de cafard noir qui me tombaient dessus à l'improviste, comme une pluie d'orage crevant dans un ciel clair. Désemparée, impuissante devant un phénomène que je ne comprenais pas, je me laissais submerger sans pouvoir m'en défendre, je glissais dans un trou de tristesse sans fond, un désespoir brut, j'y plongeais, puisque la chose m'emportait, en apnée morale jusqu'à ce que ça passe. Et « ça » passait. Ma belle santé reprenait le dessus et je sortais de ces crises lavée, lisse, soulagée de je ne savais quels tréfonds noirs qu'il me suffisait d'évacuer de temps en temps pour retrouver ensuite mon impunité, intacte.

Mon système de sécurité s'était remis en place tout naturellement, ça fonctionnait, tout allait bien. La vie continuait à être belle, j'étais toujours infiniment libre et légère. J'avais de la chance et n'en tirais aucune vanité. J'étais très gentille, très bonne fille, j'ignorais les rapports de force, l'envie, et ayant annihilé en moi tous sentiments violents qui eussent pu m'amener à souffrir, je ne trouvais aucun intérêt non plus à faire souffrir les autres. Tout devait être doux et sans conséquences. Dans cet état d'esprit, j'ignorais bien sûr également le sens civique, la Sécurité sociale et les percepteurs, animaux bizarres dont j'avais entendu mentionner l'existence mais qui vivaient hors de ma sphère. Ils se chargèrent quelque temps plus tard, c'est un détail, de me ramener sur terre, du moins en ce qui concerne ces contingences sociales. Moralement et sentimentalement, l'atterrissage fut plus lent, mais non moins brutal à l'arrivée...

Si je raconte tout cela ce n'est pas simplement pour faire une sévère autocritique de cette manière d'être aux alentours de mes vingt ans – je la fis dans mon premier roman, *L'Admiroir*, où je me pris à détester mon personnage principal dès les premières lignes écrites tant j'y mettais une part de moi-même jugée et rejetée.

Ce portrait n'a pas grand intérêt en lui-même, sauf peut-être d'être le témoignage de ce qu'un besoin éperdu de ne pas se mettre en danger peut entraîner de superficialité – de superficialité sincère, j'entends, sans avoir conscience le moins du monde qu'elle était une défense. Je pensais sincèrement être vraiment ainsi. D'ailleurs je ne pensais pas, c'était plus simple.

Pourtant je n'avais pas oublié la mort de mes parents, mais j'avais asséché l'événement de son émotion. Je n'en parlais jamais, mais si l'on venait à m'interroger sur ce sujet je déclarais froidement qu'ils étaient morts, oui, et après ? et que je n'en souffrais pas du tout. Et si l'on s'étonnait de cette dure réaction d'indifférence, je pouvais affirmer bien haut, avec cynisme et arrogance, qu'après tout leur perte m'avait rendue précocement autonome, totalement libre de mes actes – qui sait s'ils n'auraient pas entravé mes goûts et mes envies – et que c'était très bien ainsi. Quelqu'un n'avait-il pas écrit que tout le monde n'a pas la chance d'être orphelin ? Et voyant parfois les autres empêtrés dans des rapports conflictuels avec leur père ou leur mère, je me félicitais d'y avoir échappé. Je me confortais dans cette idée et je savourais ma liberté, cette chance d'être moi, moi, et uniquement moi, n'ayant de comptes à rendre, sentimentaux ou autres, à personne. Terrible...

Non, si je raconte tout cela, et notamment cette insensibilité à une déchirure que j'étais parvenue à rendre purement théorique, c'est pour situer le contexte d'une petite scène qui se passa précisément dans cette période d'autoprotection maximale. Si je m'en souviens si clairement c'est que ma propre réaction – réaction violente provoquée par un seul mot – me surprit et me troubla comme une incongruité, une dissonance dans la petite musique légère de ma vie d'alors.

Je passais une soirée dans un restaurant avec quelques personnes, six ou sept peut-être, dont la plupart m'étaient inconnues. J'avais sans doute été amenée à partager leur dîner par un ami ou un amant de passage, je ne m'en souviens plus. Vers la fin du repas la conversation était devenue assez intime entre eux et je finissais mon dessert en écoutant vaguement, poliment indifférente.

Pourtant, inconsciemment, mon intérêt devait être en éveil car on discutait de la difficulté de s'entendre avec ses parents, de l'incompréhension entre les générations, etc. Une jeune femme surtout, en face de moi – pas tout à fait en vis-à-vis mais à gauche de la personne qui me faisait face, de cela je me souviens très bien si je ne sais plus qui elle était –, discourait ardemment sur le sujet, s'étalant sur les rapports épouvantables qu'elle avait eus avec son père et sa mère dès sa petite enfance.

J'écoutais sans participer, toute à mon soulagement habituel, sans doute, d'être au-delà de ces problèmes, suprêmement détachée – merci mon Dieu d'être orpheline et d'éviter tout cela – et je l'entendais expliquer de quelle manière « définitive » elle avait réglé le problème.

Elle n'avait pas vu ses parents depuis plus de dix ans, ne leur avait jamais écrit, ne voulait même pas savoir ce qu'il advenait d'eux et – comme la vie est bien faite ! – ils s'étaient expatriés, mettant entre elle et eux plusieurs milliers de kilomètres, rendant ainsi parfaite sa libération. Elle ajouta, et c'est là que je relevai la tête du dessert qui semblait accaparer toute mon attention : « Pour moi c'est comme s'ils étaient morts, ils n'existent plus. » Je m'entendis alors prononcer doucement : « Non, ils existent. » Les mots m'étaient venus tout seuls, malgré moi.

Après un moment de surprise à voir cette quasi-inconnue prendre brusquement parti dans une discussion qui ne l'intéressait guère jusque-là, elle réitéra à mon intention la négation de leur existence pour elle.

« Vous ne pouvez pas dire ça, m'entêtai-je, ils existent. » Et la femme s'entêta à son tour, obstinée dans sa conviction sincère. Et montait en moi, jaillissant de je ne savais quel tréfonds, une colère devant l'obtuse, une révolte contre son impuissance à sentir l'abîme qu'il y avait entre « comme si » et la réalité, et contre ma propre impuissance à le lui faire comprendre.

Je ne sais combien de temps nous pataugeâmes ainsi, tendues face à face, nous battant avec les mots, avec entre nous, au milieu de la table, l'indicible.

Et tout en disant qu'elle savait vaguement où ses parents

VIVAIENT, que sa mère ÉTAIT ceci et que son père DEVIENDRAIT un vieil imbécile, elle continuait à m'affirmer que le fait qu'ils soient vivants ou morts n'avait pour elle aucune importance. De mon côté j'avais beau lui jeter à la figure mes « jamais plus », « pour toujours », je ne trouvais pas de mots assez forts pour exprimer la sensation du vide définitif, si rapide et si définitif, qui ne pouvait s'expliquer mais seulement être ressenti. Je me sentais lourde tout à coup d'une impartageable expérience, sans parvenir à lui faire éprouver que le jour où sa colère – ou son amour déçu – ne serait plus dirigée vers un but existant, même à des milliers de kilomètres, elle lui resterait sur le cœur avec un grand vide autour. Morts, fini, trop tard, plus rien, néant, silence... En désespoir de cause, je revenais toujours à ce mot, ce mot qui à lui seul, entre l'affirmation et la négation, contenait le secret primordial, et je me rappelle fort bien avoir fini les mains accrochées au bord de la table, tremblante d'une incoercible rage qui dépassait largement l'envie de convaincre une inconnue, criant dans ce restaurant en martelant les syllabes : « ILS E-XIS-TENT ! ! »

Je ne sais comment la chose se termina, dans le silence et la gêne, sans doute. Je me souviens d'avoir ressenti un grand moment de solitude, me calmant petit à petit, l'esprit troublé. J'avais passé les bornes de la conversation polie et chacun s'était repris, affectant de n'y plus penser. Mon interlocutrice avait récupéré une froide réserve et tentait maladroitement de renouer une conversation avec ses voisins, de grands blancs pesant entre les phrases.

J'avais l'impression que la table s'était soudain élargie entre eux et moi, et qu'au milieu d'un petit désert, de la même manière que la jeune femme allait perdre un jour le but de sa colère, je gardais pour moi seule un désarroi, une faiblesse dont elle n'avait été que le révélateur. Ne venais-je pas de trahir mon détachement sans faille, l'indifférence que j'affichais habituellement vis-à-vis de la mort des miens, et d'entrevoir que les bases sur lesquelles reposait ma force n'étaient pas si solides que je le croyais ?

Je repartis dans ma vie légère, bien sûr, pas plus touchée que cela sur le moment. Mais si je m'en souviens si bien, si aujourd'hui encore je ne peux utiliser le mot « exister » sans penser à cette petite scène, c'est qu'elle fut une pierre tombant dans l'eau calme et lisse de mon impunité.

Un boulet au cœur

Déjà plus de cent pages, écrites avec peine ou soulagement, dans le désordre, plus de cent pages, deux ans presque à fouiller ma mémoire, et pas un mot sur vous, mon père et ma mère.

Rien. Pas un mot.

Je n'ai rien pu écrire sur vous car je ne sais toujours rien et il ne m'est rien revenu de ces années passées ensemble, pas un événement, pas un geste, pas un visage. Rien.

Je vous cherche, ou je crois vous chercher, vous m'échappez, et dans toutes ces pages je n'ai pu parler que de moi. Toujours, moi.

Désespérant.

Alors à travers toute cette quête vaine, cette impuissance, je vois bien ce que vous m'avez légué en disparaissant...

Il ne s'agit pas d'égoïsme, ni même d'égocentrisme. C'est bien pire, ou plutôt bien au-delà. En prenant si brutalement, si cruellement conscience de la fragilité des êtres en vous découvrant à mes pieds, de l'amour basculé en une seconde dans le silence irréversible, de la précarité de la vie et des liens les plus profonds – mon père, ma mère, vous m'avez laissée dans une si profonde solitude ce matin-là, à qui faire confiance, comment s'abandonner après une si haute trahison ? – vous m'avez enfermée dans ma peau.

C'est une force, sans doute, et sans doute la possédais-je en moi avant pour réagir si violemment, que de s'être centrée sur soi-même si totalement. Mais à quel prix ? Si peu d'ouverture, de capacité de découvertes, d'abandon possible, malgré les apparences si peu de liberté, au fond, à être ainsi ramassée sur soi, cadenassée dans son propre équilibre. Si peu légère, en fin de compte...

Vous m'avez laissé un grand poids, mon père et ma mère,

un boulet au cœur bien lourd, bien là, irrémédiablement là je le crains. Et une si courte chaîne que malgré mes efforts pour m'en évader j'étais liée à ma route, mon étroite et égocentrique route.

Qu'aurais-je été ? Comment aurais-je vécu sans mon boulet au cœur ? Aurais-je été plus libre, plus disponible ? Questions bien vaines...

Je ne peux m'empêcher de me les poser tout de même, et depuis bien longtemps, interrogeant le vide noir de mon enfance. Quelle femme serait devenue l'enfant que j'étais, sans cet « accident de parcours » ? J'ai tant l'impression d'avoir été modelée par lui, d'être née de lui, d'avoir vécu toute ma vie – ma vie APRÈS – en réaction contre lui. Qu'étais-je, qu'aurais-je été, que suis-je dans ma vérité sans cette déviation ?

Pendant longtemps j'ai tourné autour de la tentation d'écrire un livre sur ce sujet. Je voulais refaire le chemin, inventer le moi sans coupure, ma vie sans l'accident de leur mort. Je reprenais le fil là où il s'était cassé : ils ne fermaient pas la fenêtre de la salle de bains, je faisais ma toilette avec eux, nous partions tous ensemble déjeuner chez ma marraine, puis nous revenions le soir, je donnais le biberon à ma petite sœur, ma mère me faisait un câlin avant de dormir, et puis je repartais à l'école, mon père vers ses photos, et puis la vie continuait, la vie... L'autre vie.

Je n'ai jamais pu écrire une ligne de cette vie qui aurait pu être la mienne et qui n'a pas été. Je n'ai même pas pu la rêver...

Ma belle santé sans doute, et le moi, l'inamovible moi si bien ancré dans le présent grâce à EUX m'empêchèrent de m'obstiner dans ce jeu de l'esprit inutile, faux, et probablement dangereux. A s'égarer dans les possibles on se perd, chemin bien malsain pour qui cherche à se trouver, ou à se retrouver.

Stupide et inutile, bien sûr...

Reste donc la sensation d'avoir eu son chemin coupé en deux, d'être coupée en deux. Si seulement mon voile noir, comme une porte close, ne m'empêchait pas de faire le lien entre le moi exacerbé qui a survécu et le petit moi inconnu qui est resté là-bas, très loin, invisible dans l'AVANT, avec vous. Vous m'êtes inconnus, mon père et ma mère, et pourtant je sens que j'ai besoin de vous pour enfin savoir qui je suis.

Comment faire pour forcer cette porte close de ma mémoire ?

Évidemment, l'on me dira que l'on peut très bien vivre avec une amnésie de dix ans, le trou noir d'une enfance perdue.

Bien sûr – c'est ce que je fais.

Mais on enterre bien les décapités avec leur tête, moi, j'aimerais finir entière...

Le « groupe des sept ».

Sept photographes amis travaillant et exposant leurs œuvres ensemble.

En ce beau jour d'été, ou de printemps peut-être encore un peu frisquet, mon père est le seul à avoir les jambes nues, et le sweat sport, le chapeau à la main me disent qu'il devait être assez conscient de son charme et qu'il soignait son look…

La lettre sans réponse

Dans le troisième tiroir de la commode-sarcophage, tout au fond, avec les négatifs des photos et le livret de famille, il y a une lettre. Je la reçus voilà plus de quinze ans. A cette époque mon autoprotection avait commencé à s'amollir, je flottais moins aisément à la surface des choses et des sentiments et j'entrevoyais que mon état de grâce somnambulique allait prendre fin.

J'avais été aidée en cela par un ami de cœur, homme sensible, plus âgé que moi, qui avait à mon égard des sentiments mi-amoureux mi-paternels. Ayant eu de graves problèmes familiaux, si graves qu'ils l'avaient amené à quitter définitivement père, mère et jusqu'à sa patrie d'origine, je devais représenter à ses yeux l'idéal de liberté et de légèreté qu'il aurait souhaité pour lui-même. Léger, il ne l'était pas, je l'étais pour deux. Mais constater que l'état envié qui vous fuit est si aisément possédé par l'autre finit par être agaçant et douloureux. Il s'avisa donc que ma force, mon détachement royal de ce qui faisait communément souffrir les gens – et lui en particulier – n'étaient pas normaux. Ce n'est pas humain d'être ainsi, me répétait-il. Je lui opposais mon regard clair, mon étonnement encore sincère et mon imperméabilité.

Il m'avoua un jour être en analyse depuis quelque temps. J'emploie le mot « avouer », car la manière précautionneuse avec laquelle il lâcha la nouvelle laissait à penser qu'il s'agissait pour lui d'un secret un peu honteux, d'une faiblesse inavouable, précisément. Peu au fait de ces questions – entre autres – j'ai dû répondre : « Ah oui ? Et alors ? » Il me donna à lire quelques livres de vulgarisation sur la psychanalyse afin de décrasser mon esprit en surface, puis sa pratique de la chose avec un professionnel n'apportant apparemment aucune solution à ses problèmes, aucun soulagement à son mal de vivre, il entreprit en désespoir de cause – et pour trouver quelque compensation à son échec, je pense – de se faire la main sur sa voisine, en amateur.

Homme physiquement lourd et massif, sa technique psychologique fraîchement acquise s'accorda avec sa morphologie, et le style en fut plus proche du gant de boxe et du couteau de boucherie que du scalpel finement aiguisé. Il attaqua direct, dans le gras du sujet : « Pourquoi ne parles-tu jamais de tes parents ? »

Une longue pratique de l'esquive en souplesse me permit quelque temps de surseoir à l'exécution, et les couteaux se plantèrent tout d'abord dans les murs. J'évitais, j'éludais. Puis les attaques se firent plus insidieuses, par surprise et questions détournées. J'échappais toujours, avec de plus en plus de peine, mon détachement éraflé çà et là. Mais je me débattais, je ramassais mes armes et je me redressais, l'œil déjà moins clair et sûr de lui, croyant encore cacher derrière un bouclier d'indifférence que ma résistance commençait à être sérieusement entamée. Je m'en cachais mal, comme les animaux qui croient être dissimulés parce qu'ils ont mis leur petite tête dans le sable ou derrière un arbre alors que tout leur corps dépasse, et de toute manière mon tortionnaire mental, avec un instinct sûr qui déjouait les ruses, avait flairé l'odeur du sang...

Bientôt il n'y eut plus d'esquive possible, je fus collée au mur, bombardée et finalement mise en pièces – Pourquoi es-tu inatteignable ? Pourquoi ignores-tu la jalousie ? Pourquoi ne veux-tu t'attacher à rien ni à personne ? Pourquoi es-tu si inhumainement légère ? Et pourquoi ne parles-tu jamais, jamais de la mort de tes parents ?

Au bout de deux ans de lutte tour à tour sournoise ou violente, moralement exsangue et sans plus de défenses, au bord de reconnaître, stupéfaite et effrayée, que les bases de ma force inattaquable ne reposaient que sur un grand vide, un vide noir sur lequel je refusais de me pencher, j'eus un sursaut et ne trouvai qu'une solution pour éviter d'y tomber :

la fuite. Et comme un signe du ciel arrivant à point nommé pour consommer la rupture et faciliter mon échappée, le propriétaire du meublé que j'occupais alors me fit savoir que je devais quitter les lieux.

Je pris mon sac, ramassai mes forces et le peu d'affaires que je possédais et me lançai très loin, à l'aventure – c'est-à-dire à l'autre bout de Paris – pour me reconstruire. J'y trouvai un lieu qui me séduisit, un lieu où je serais à l'abri des caprices de propriétaires, l'étant devenue moi-même – première entorse, apparemment anodine mais pour moi lourde de sens et de conséquences, à ma volonté jusque-là infaillible de ne m'attacher à rien.

Je n'ai pas envie de raconter ma vie dans le détail. J'y répugne et là n'est pas mon propos. Je m'amuse à brosser d'une manière quelque peu parodique, sans trop sortir de mon sujet – du moins je l'espère – et sans vouloir m'y appesantir, les périodes qui furent de véritables charnières pour moi. Celle-là en était une, la plus importante je crois.

Le portrait peu flatteur que je fais de l'ami qualifié de « tortionnaire mental » ne doit pas être pris au sérieux. C'était un homme charmant et bon. Il l'est toujours. Et un ami aussi. Si son analyse-couteau-de-boucherie m'a si profondément troublée et s'il est vrai que d'une certaine manière je fus moralement mise en pièces, je l'en remercie. Je l'en remercie vraiment du fond du cœur. En m'amenant à être moins aveuglée sur mon compte, il fut pour moi un véritable révélateur et en quelque sorte l'homme de ma vie, même s'il ne l'a pas partagée par la suite. S'il lit ces lignes il sera peut-être amusé de l'apprendre... Sans doute ne se douta-t-il pas d'avoir joué un rôle si important dans mon évolution. Sans doute aussi ses questions me tombèrent-elles dessus au bon moment, j'étais mûre pour les recevoir. J'avais toujours mes « trous noirs » inexpliqués, j'avais commencé à m'intéresser à la photographie, avec une fascination spéciale pour le noir et blanc, m'essayant au développement j'avais déjà retrouvé l'odeur de l'hyposulfite et la réminiscence grâce à elle du laboratoire de mon père, et je faisais des photos de brumes un peu sinistres que je croyais d'une inspiration personnelle et qui ressemblaient étrangement aux siennes... Du côté professionnel j'avais déjà repris pied au théâtre, aussi, grâce à Jean-Louis Barrault en qui j'avais trouvé un « père » artistique. J'étais bel et bien en train de retomber sur terre et mon analyste amateur avait simplement précipité un atterrissage qui eût été plus tardif. Même s'il fut un peu brutal, merci, grand merci cher ami, il était tout de même temps.

Le portrait que je fais de moi-même n'est pas bien reluisant non plus. Je ne réfléchissais pas, certes, toute à mon autodéfense, mais je n'étais pas assez stupide pour croire que j'allais repartir après son intervention d'un pied aussi léger qu'avant. J'avais du plomb dans l'aile, et, si j'avais quitté l'homme, j'emportais ses questions-couteaux bien plantées en moi. Restait à me débrouiller avec, difficultueusement.

Je me souviens d'avoir tenu un journal à cette époque dans lequel je me lamentais abondamment de ma perte de légèreté, du fait que je n'arrivais plus à être simplement gaie, inconséquente. J'avais l'impression d'avoir vieilli d'un seul coup, tout m'était pesant, et je butais à chaque ligne sur un mot qui revenait sans cesse, un mur sur lequel je me cassais la tête : AVANT. Avant j'étais comme ceci, Avant je ne souffrais pas de cela... Avant quoi ? J'avais simplement rompu, sans retour possible, définitivement, avec mon ancienne manière de vivre. Finie la joyeuse impunité. Il y avait bel et bien un AVANT et un APRÈS.

C'est dans les premiers temps de cet APRÈS mal affermi que je reçus un jour une lettre qui me troubla très fort.

Quand je la trouvai un matin dans mon courrier, elle n'avait rien au premier abord qui pût spécialement retenir mon attention. Je commençais à avoir quelque succès comme comédienne et recevais parfois des lettres de fans. Celle-ci était pareille aux autres ; envoyée à mon agent, celui-ci en avait barré l'adresse rédigée d'une petite écriture soigneuse et régulière, cette écriture des gens qui écrivent peu et rarement, pour la réexpédier à mon domicile personnel. Je me souviens du petit choc que j'eus quand je lus les premières lignes… Je cite de mémoire, je n'ai pas besoin de relire cette lettre, je sais que c'en sont à peu près les termes, ils se sont gravés en moi.

« Ne seriez-vous pas la fille de Lucien Legras ? Tout ce que j'ai lu sur vous me porte à le croire mais je n'en suis pas certain. Cela fait des années que j'hésite à vous écrire, je m'y décide aujourd'hui, à tout hasard. Si je ne me trompe pas, si vous êtes bien la fille de Lucien, sachez que j'étais un grand ami de votre père. Nous avions créé un groupe de photographes qui travaillaient ensemble. Nous nous estimions et nous aimions énormément. Sa mort m'avait causé un terrible choc et j'ai eu beaucoup de peine à m'en remettre. Je suis établi à présent dans une autre ville de province, mais il m'arrive de temps en temps d'aller à Paris. Pourrais-je vous rencontrer ? Je vous parlerai de lui, si vous le désirez, et nous pourrions évoquer ensemble son souvenir. C'était un homme et un ami extraordinaire et je n'ai jamais pu l'oublier. Si je me suis trompé, si vous n'êtes pas la fille de Lucien, veuillez excuser… »

Quelques secondes d'hébétude, le petit froid dans les veines… Il ne s'était pas trompé, j'étais bien la fille de Lucien Legras.

J'ai replié la lettre. Je me souviens d'être restée assise un long moment, le petit carré de papier devant moi sur la table – un de ces moments « à vide » qu'il m'est difficile de décrire, où l'on a l'impression de ne rien sentir, de ne rien penser, en proie à une sorte de tétanie des sentiments qui vous laisse bouche ouverte et œil fixe pendant que le temps passe. Il passe, puis l'on se remet à bouger, un peu machinalement.

J'ai dépouillé le reste de mon courrier, classé certains papiers, expédié quelques urgences, puis ne trouvant plus de prétexte pour laisser la lettre de côté je la repris, la relus, et la reposai devant moi, à peine moins troublée. Il fallait que j'y réponde. Bien sûr, je devais y répondre, mais j'en étais incapable pour le moment.

Elle traîna sur la table quelques jours, le temps, pensai-je, de clarifier mes pensées et de vaincre mon curieux trouble, puis elle fut posée sur la couche supérieure de mon courrier en attente.

Je livre à l'occasion cette manie domestique, fort pratique pour oublier les papiers qui gênent, ennuient ou troublent, de poser bien en évidence au-dessus d'une pile, et bien en vue, les lettres appelant une réponse rapide, et de glisser en dessous, au milieu, ou plus bas ou plus haut suivant le temps de réflexion que l'on s'accorde, celles dont on ne sait que faire pour le moment. Se créent ainsi des stratifications allant d'« urgent », « en attente », « à voir », jusqu'à « au cas où », cette couche inférieure ayant toutes les chances de passer un jour directement du casier à la poubelle. Parfois, une fois par an environ, prise de courage, je décide de liquider la pile entière, sans exception.

C'est ainsi que je retrouvais périodiquement la lettre de l'ami de mon père au milieu, puis un peu plus bas, et finalement tout en dessous. Je tentai plusieurs fois d'y répondre. J'ai même un jour commencé une lettre sans pouvoir l'achever, la main arrêtée au milieu de la page. Sans états d'âme excessifs, sans crise de cafard, tout simplement je ne pouvais pas. Je butais.

Je me morigénais moralement. Ce monsieur souhaitait me rencontrer pour me parler de mon père, quoi de si grave ou de si effrayant ? La démarche était amicale et chaleureuse, et la moindre des politesses me commandait d'y répondre...

Mais arrivée au point de m'en persuader, dès que j'imaginais une rencontre possible, un détail pratique m'arrêtait, un détail idiot : je savais être incapable de m'empêcher de pleurer. Bien sûr je serais arrivée au rendez-vous ou j'aurais ouvert ma porte, grande, forte, tout empreinte de ce formidable équilibre que l'on me connaît (...), et puis abordant le sujet qui nous réunissait je n'aurais pu ouvrir la bouche, ni même l'écouter parler de LUI sans que mon menton se mette à trembler, perdant ma voix et ma fausse assurance, essayant de contenir mon émotion, en vain. Je me voyais déjà dégoulinante, répandue devant un homme peut-être ahuri et effrayé d'avoir provoqué une telle débandade. Comment ? Cette femme à l'apparence si hardie et sûre d'elle, vingt ans après la mort de ses parents, n'a pas dépassé le stade du gros sanglot ?! Il faut croire... Il faut croire, monsieur, puisque vingt-cinq, puis trente, et maintenant trente-cinq ans après, le fait est toujours d'actualité.

On l'aura compris, je ne répondis jamais à cette lettre.

Elle resta dix ans – je n'exagère pas, dix années entières – dans mon courrier en attente.

Au bout de ce temps, toute jaunie sur les bords – c'est fou ce que le papier prend vite une allure d'antiquité –, sa présence y devint tout à fait incongrue, et à l'aide du sentiment de ce qu'une réponse si tardive aurait de ridicule et de gênant – cet homme était-il même encore en vie ? – je la pris et la déposai dans le troisième tiroir de la commode-sarcophage avec les autres reliques, car je fus incapable, physiquement, de la jeter. Elle y est encore.

En regardant la photo du « groupe des sept » sur cette plage normande, je ne peux m'empêcher de me demander lequel de ces hommes m'a écrit. Celui-là, à gauche, le sac sur l'épaule ? Celui d'à côté, plus âgé ? Cet autre en chemise blanche et l'appareil en bandoulière ? Ou plutôt celui qui porte costume et barbe en bouc – quelques portraits de lui dans les négatifs de mon père indiquent peut-être qu'ils étaient particulièrement intimes. Je ne connaissais pas leurs noms et la signature au bas de la lettre ne m'évoque donc rien.

Je sais en tout cas que ce n'est pas celui qui pose tout au milieu de la photo, c'est mon parrain. Depuis mon adolescence je ne l'ai jamais revu. J'ai fui l'amitié possible, coupé les ponts, rompu les liens avec lui comme avec tous ceux qui avaient côtoyé mon père et ma mère. Partie, glissée ailleurs, évaporée la fille de Lucien et Ginette Legras, il n'y a plus personne à cette adresse, on ne répond plus...

Tous ces gens, si gentils, chaleureux et amicaux qu'ils pussent être, possédaient à mes yeux un redoutable pouvoir : celui de me mettre en contact avec la réalité de ce qu'ILS étaient.

Ils ignoraient, bien sûr, représenter un danger pour moi, mais ils auraient pu, par regret personnel comme l'homme de la lettre, par bonne volonté à mon égard ou même par inadvertance me parler d'EUX, entamer le brouillard derrière lequel je les avais enfouis et du même coup l'enfant que j'avais été à leur côté.

Danger. Ne pas toucher. Ne pas remuer. Ne pas connaître... Était-ce pour protéger une blessure si peu sensible que mon esprit avait sécrété un voile noir à ce point opaque ? Pourquoi aurais-je forcé un garde-fou que l'instinct et la nature avaient fabriqué à mon insu même ?

Et si j'avais voulu vaincre ma résistance, si j'avais voulu savoir, ce que j'aurais appris n'aurait sans doute éveillé aucun écho en moi – c'est là peut-être ce qui eût été le pire et ce pourquoi j'ai évité le risque de les entendre.

En face de tous ces gens qui les avaient connus je serais restée muette, sans rien avoir à partager à leur sujet, avec le petit froid noir dans les veines, à la porte d'un secret qui aurait dû m'appartenir en premier chef et dont je me sentais dépossédée, et plus dépossédée encore de voir les autres le détenir à ma place. Ainsi tous, amis intimes ou non, connaissances de passage, voisins ou relations de travail, tous pouvaient évoquer leurs gestes, leurs habitudes, leurs paroles et leurs opinions, ils se rappelaient des journées entières, des années entières passées avec eux, des moments heureux partagés, des rires ensemble, ce qu'ils étaient, ce qu'ils étaient vraiment. Tout ce que mon père et ma mère avaient vécu continuait à vivre en eux, et en moi rien ? Moi, leur propre fille, les mains vides et le noir dans la tête à la porte de ma mémoire bloquée, et eux si riches de ce qui aurait dû m'appartenir ?

A les entendre évoquer familièrement tel mot qu'ils eurent un jour, telle réaction de lui ou d'elle, tous ces souvenirs, là, à disposition, comme s'ils étaient partis de la veille, j'aurais senti mes parents m'échapper deux fois plus, plus inconnus à constater que je ne connaissais rien d'eux.

Et comme ces gens n'auraient probablement retenu que le plus flatteur, le plus digne d'être aimé et d'exister encore, ils n'auraient fait que chauffer à blanc mon regret.

A quoi aurait servi d'attiser un désir et une révolte inutile, une révolte à se ronger les sangs, à se mordre les mains en gémissant d'impuissance devant ces morts stupides puisque personne, plus jamais, ne pourrait me les rendre ?

Quelle force aurais-je trouvée pour résister à cette douleur, moi qui avais employé le plus gros de mon énergie à l'oublier, et qui avais, dans le temps où je reçus cette lettre, bien du mal à m'en persuader encore ?

Cet homme qui m'avait écrit, lui, n'était pas resté sagement dans l'ombre. Il s'était renseigné, il avait recherché l'adresse. Il tentait, de la rive lointaine noyée dans le brouillard, de jeter un pont sur ma petite île. Déjà, par cette seule lettre, il créait un lien, il faisait un pas vers moi, vers l'ancien moi que je voulais – l'ai-je voulu ? – mort avec eux. Il ne savait pas à quel point j'avais occulté mon enfance avec mes souvenirs.

Si je bougeais, si je faisais un signe, si j'écrivais un mot, il allait innocemment, avec les meilleurs sentiments du monde, violer ma retraite floue juste au moment où, péniblement, je tentais de sortir de ma gangue de détachement, où je m'aventurais timidement hors de ma protection pour me créer des attaches, m'inventer de nouvelles racines encore toutes neuves et peu solides. Si je le laissais faire, il allait jeter en travers de mon rêve celles qui m'avaient été arrachées, tranchées dans le vif.

Cela, je ne me le disais pas précisément, bien sûr. Sa démarche me paralysait, c'est tout. Je croyais encore qu'il suffisait de « faire le mort » pour que ma nature et LA nature, la bonne nature aidée du temps qui passe, se chargent de cautériser la blessure sans que j'aie à me plonger le cœur et les mains dedans. Je ne savais pas que la bonne mère Nature n'est pas si charitable et que les plaies trop hâtivement pansées d'oubli restent ouvertes. Et je pense n'être qu'à l'orée de cette découverte...

Et il allait, au-delà de ma résistance, tout au fond de moi, réveiller mon désir d'EUX, ma faim toujours vivace sous l'oubli, un petit moi brutalement sevré qui allait, bouche ouverte et bras tendus dans le vide, happer avidement les détails, les mots, les traits de caractère, tous ces lambeaux d'eux qui n'auraient nourri que ma faim, une faim toujours plus grande et sans espoir d'être assouvie.

J'ai toujours senti ce petit moi avide, à l'affût, bien planqué derrière ma façade d'indifférence. J'avais beau tenter de l'endormir par tous les moyens, de l'ignorer, de l'enfouir sous ma belle force et mon autonomie, je savais qu'il était toujours là, prêt à saisir toutes les informations sur eux qui passaient à sa portée. Et tandis que j'écoutais, ou plutôt faisais semblant de ne pas écouter ce que l'on m'apprenait sur eux, apparemment distraite et le visage impassible, la petite chose tout au fond de moi s'emparait de sa proie, rapide et sûre, retournait, disséquait, petite bouche béante et frénétique cherchant à s'en repaître. Mais comme c'était impossible, à jamais impossible, que ce qu'elle avait attrapé était indigérable, que ça ne passait pas, que ça ne soulageait rien, que ça faisait mal, le petit moi le mettait en réserve dans un coin de ma tête pour quelque jour de grande fête douloureuse où, l'ayant reconnue, ma faim serait à son comble.

Les occasions furent rares d'emmagasiner quelques informations à leur sujet. Si le désir de savoir était toujours là mon appréhension garde-fou était toujours la plus forte et à quarante ans passés je ne sais rien d'eux, ou presque rien. J'ai glané çà et là, et bien malgré moi comme je viens de l'expliquer, quelques détails, c'est tout.

Et ma famille, me dira-t-on, était-elle frappée d'amnésie elle aussi tout entière ? Ne s'est-il trouvé personne pour m'apprendre au fil des ans qui étaient mes parents ?

Hé bien non, pas vraiment. D'abord on ignorait – et moi aussi – que j'avais tout gommé d'eux ou que mon esprit était en train de le faire. Le peu que je sais, d'ailleurs, me vient de conversations familiales où, fugitivement, on laissait échapper un mot, une phrase à leur sujet. Puis on se taisait bien vite, la gorge nouée, et l'on passait à autre chose. Tous avaient leur charge de douleur à propos de ce fils, frère, de cette sœur ou cousine perdus et s'employaient à en parler le moins possible, sinon à y penser.

Je crois qu'il est des morts qui commotionnent une famille entière, les morts brutales d'êtres jeunes et heureux fauchés en plein élan de vie. De celles-là on ne se remet pas, on ne les accepte pas, donc on se garde de les évoquer. Trop sensible... Non pas qu'il soit des morts plus justes que d'autres, mais celles d'hommes ou de femmes qui ont vécu tous leurs âges, ou qui souffrent, ne laissent pas ce sentiment d'inachevé, de révoltante rupture, d'injuste – je n'échapperai pas au mot – caprice du sort.

Je sais aussi que l'on tend à embellir les disparus, à gommer leurs défauts, mais le peu que j'ai entendu sur mon père ou ma mère me laissait à penser que ces deux-là étaient particulièrement joyeux, libres et solaires, comme s'ils avaient concentré en eux, chacun à sa manière et pour chacune des deux familles, un potentiel de joie de vivre qui en faisait les figures de proue. « Ils étaient tellement gais et lumineux, on était si bien avec eux... Tout le monde adorait tes parents », me dit un jour ma tante.

Pour une famille entière aussi il y a un avant et un après, lorsque ceux-là leur sont arrachés. Un vide, un manque, une chute de force. On essaie d'oublier, on « fait avec », chacun pour soi, mais les réunions de famille sont alourdies, ils ont emporté avec eux la joie pure de se retrouver ensemble, il y a moins de gâteaux sur la table et on les a faits avec moins de cœur, ils laissent à leur place vide une part de silence et l'on ne peut plus faire sans une sombre arrière-pensée de joyeuses photos de famille sous le soleil clair et les pruniers dans un pré en pente... L'innocence est cassée pour cette génération-là. A charge pour la suivante de profiter au mieux de cette parcelle de temps béni où le bonheur semble indissoluble et pendant lequel on ne pense pas, affairés à le vivre, que ce que l'on tient dans ses mains peut disparaître d'un jour à l'autre.

Et puis, au bout d'un certain nombre d'années, l'évocation des morts, déjà fugitive, s'entoure de flou. Leurs caractères personnels s'estompent. On se protège, là aussi, on se garde de réveiller le regret d'une personne trop précise avec ses réactions, ses pensées, ce qu'on aimait particulièrement de lui ou d'elle.

Ainsi les personnalités de Ginette et Lucien, ce qu'étaient vraiment Ginette et Lucien de leur vivant se dissout peu à peu derrière l'image plus vague d'un fils, frère, d'une sœur ou cousine disparus. Figures familiales sans véritables contours, fantômes sans visages, sans couleurs. Et pour moi, qui avais déjà si violemment réagi en étouffant mes souvenirs, ces deux fantômes étaient fondus en une seule entité globale : tes parents. Leur existence était donc peu à peu résumée à la fonction familiale qu'ils avaient occupée, et finalement réduite – du moins à mes yeux – à une sorte d'abstraction. Ces fantômes si lointains avaient-ils même existé un jour ?...

C'est sans doute pourquoi leur évocation par mes proches ne me troubla jamais aussi fort que lorsque j'en entendais parler par des personnes extérieures à la famille.

Je m'étonnai longtemps de ce trouble particulier qui me saisissait face aux « étrangers » qui les avaient connus. Le petit choc à la poitrine, la curieuse sensation de déchirure d'un voile, du flou protecteur, du rêve...

Mes parents si commodément tenus à distance par notre tacite loi du silence récupéraient brusquement, par le biais des gens qui n'avaient pas à la respecter, leurs visages, des pensées, des amitiés, une vie sociale. Ainsi donc, « ailleurs », ils avaient laissé des traces tangibles, ils n'étaient pas un vide sous l'appellation vague de frère, sœur, ou parents, mais un homme et une femme précis, des formes pleines.

Sentiment étrange, que me vienne la conscience soudaine de leur existence réelle par des personnes qui les auraient côtoyés moins intimement que mes proches. Déclic. Froid petit réveil. Contact brusque avec une part inconnue d'eux... Nous étions-nous si bien protégés de nos morts, au sein de la famille, qu'ils en étaient réduits à une sorte d'hallucination collective ? Tentation, désir d'attraper quelque chose d'eux, puis panique, réflexe de fermer les yeux, de ne pas écouter, de ne pas toucher au rêve. Trop sensible, ne pas remuer...

C'est pour tous ces sentiments contradictoires et mal définis mais toujours présents en moi, c'est pour tout cela, Monsieur qui m'avez écrit si gentiment et si chaleureusement, que je ne répondrai pas encore à votre lettre, même aujourd'hui, même quinze ans après l'avoir reçue.

Si entre-temps vous ne les avez pas rejoints – comment ? où ? sous quelle forme ? – si vous êtes toujours de ce monde et si vous souhaitiez encore me rencontrer, je serais toujours aussi démunie face à vous, aussi pleine d'une enfantine douleur. Et si j'arrivais à la vaincre, à vous écouter sans me « répandre », j'aurais honte – le mot n'est peut-être pas tout à fait juste, tant pis, c'est le plus proche de ce que je ressens –, honte de sentir tout au fond de moi, sous ma façade de *self-control,* un si vivace et si vain appétit de SAVOIR, de sentir se réveiller le petit moi à l'affût, impudique petit charognard prêt à suçoter les débris de ce qu'ils furent. J'aurais bien trop peur d'y chercher une morbide et dérisoire compensation au vide qu'ils ont laissé en moi.

J'ai toujours tellement, follement envie d'EUX...

Et puis j'aurais triché. Triché avec une vérité, qui après tout n'aurait été que la vôtre. Quoi que vous ayez pu m'apprendre sur eux, déjà déformé à travers le prisme de votre regret, je l'aurais tordu encore, sélectionné, n'en retenant que le meilleur et le plus beau pour que coûte que coûte ils correspondent à mon rêve. Alors n'y touchez pas, ne remuez rien, c'est inutile.

C'est cela que j'aurais dû vous répondre.

Trop tard. Pardon.

L'aveugle

C'est la première photo de mon père dont je me souvienne. La première qui m'ait frappée étant enfant, à cause des terribles yeux blancs de l'aveugle bien sûr. Je ne voyais que cela.

Plus tard j'ai été saisie aussi par le visage désespérément tendu vers le ciel – quête de la lumière ? supplication ? interrogation ? – plein d'une si longue et si profonde douleur que ses traits en paraissent pacifiés.

Il y a trois négatifs de l'aveugle, le représentant sous des angles et à des distances différents. Sur l'un d'eux on voit qu'il est assis sur une borne à côté du parvis d'une église et qu'il tient une sébile à la main. Mais c'est ce portrait de lui que mon père préférait, j'en suis sûre, puisqu'il fut le seul négatif choisi pour en faire un tirage. L'expression du visage est beaucoup plus forte dégagée du contexte. A peine devine-t-on qu'il s'agit d'une église. Il y a simplement la masse lisse des pierres, leur austérité minérale et pesante contre la fragilité et la souffrance de l'aveugle. La grille noire au fond vient renforcer l'impression. Il n'est pas enfermé, il est libre devant elle et dans la lumière, et pourtant prisonnier de son infirmité. Et c'est lourd, impavide, sans pitié, orgueilleusement planté là pour des siècles, derrière l'éphémère humain. C'est sans doute cela que mon père voulait rendre. Du moins c'est ce que j'y vois.

Mais au-delà de l'image, ce que je voudrais savoir c'est de quelle manière il a obtenu cette photo. L'a-t-il volée ou l'a-t-il demandée ? S'est-il approché doucement de l'aveugle pour le surprendre ou lui a-t-il parlé ? Peut-être ont-ils eu une conversation avant, ou ensuite. Peut-être même mon père lui a-t-il demandé de lever la tête vers le ciel, corrigeant lui-même son inclination, son orientation vers la lumière pour que le portrait soit meilleur. Il a peut-être plaisanté avec lui, pourquoi pas, si l'aveugle avait quelque humour malgré sa misère. Et lui a-t-il laissé de l'argent en le quittant ?

C'est tout cela, tout ce qu'il y a eu d'humain autour de l'image fixée que je voudrais connaître et, avec ses sentiments et sa manière d'agir, l'homme qui était derrière l'objectif.

J'aimerais mieux qu'il lui ait parlé.

Je voudrais qu'il lui ait parlé...

Je ne te reconnais pas, ma mère

C'est terrible. Je la regarde, je la regarde, je la cherche et je ne la reconnais pas.

Et je ne me reconnais pas en elle.

Physiquement, je lui dois la ligne retroussée du nez, un vague quelque chose dans le sourire, une ligne de genou un peu épaisse qui détermina ma préférence pour les jupes longues, une certaine lourdeur oblongue de la fesse, aussi – des fesses d'avant-guerre...

Je n'en ai aucun souvenir et moralement, à part quelques vagues « on dit » familiaux, elle m'est une parfaite inconnue.

Que m'a-t-elle légué ?

N'étaient les photos de mon père qui me disent que cette femme près de moi est bien ma mère, ma mémoire noire n'aurait rien à opposer à qui dirait le contraire. Lui, au moins, m'a laissé ses photos...

Les maillots qui grattent

Oh ! Une réminiscence ! Un vague, très vague souvenir d'une sensation d'enfance : les maillots tricotés main qui grattent partout lorsqu'ils sont mouillés... Ce n'est pas le plus agréable des souvenirs mais qu'importe, c'en est au moins un.

Et je suis frappée de constater encore une fois, en regardant sur ces photos les vêtements que nous portons ma mère et moi, que tout, absolument tout, à part nos chaussures et les chapeaux de paille, était fait à la maison. Jusqu'aux maillots de bain.

Que d'attention, que d'heures de travail pour me vêtir ainsi de la tête aux pieds. Que d'amour dans les mains qui prenaient mes mesures, tricotaient sans relâche. Est-ce pour me consoler d'avoir perdu tout cela, pour me rassurer que je passai des années à fabriquer mes propres vêtements, plus tard ?

Et puis qu'importe ces histoires de vêtements, de maniaquerie couturière, et qu'importe cette si vague réminiscence des maillots qui grattent, si fugitive que déjà je doute de l'avoir retrouvée un instant... Ce qui me fascine sur cette photo, m'émeut aux larmes, c'est la main de mon père sur ma jambe. La manière si tendre dont elle entoure mon genou, légère mais prête à parer toute chute, et ma petite main à moi abandonnée sur son cou. Ces deux mains, l'une qui soutient et l'autre qui se repose sur lui.

Après la photo il a dû resserrer son étreinte, m'amener à plier les genoux, j'ai dû me laisser aller contre lui, confiante, et il a dû me faire descendre du bateau en disant « hop là ! », comme le font tous les pères en emportant leur enfant dans leurs bras pour sauter un obstacle.

Nous avons dû gaiement rejoindre ma mère qui rangeait l'appareil photo et marcher tous les trois sur la plage. J'ai dû vivre cela, oui...

La photo me dit qu'il faisait beau, qu'il y avait du vent dans mes cheveux, que la lumière de la côte normande devait être magnifique ce jour-là.

Et entre mes deux parents à moi, si naturellement et si complètement à moi pour quelque temps encore, j'ai dû me plaindre des coquillages qui piquent les pieds, comme le font tous les enfants ignorants de leurs richesses.

1818

Attends, je finis mon rang…

Ma mère-mystère…

Je ne la vois pas. Elle m'échappe. Tout est flou et mon imagination même glisse sur elle, impuissante. Un détail, pourtant.

J'ai entendu dire d'elle – oh ! si peu de chose que je happai cette information au passage, un jour – qu'elle était gaie, chaleureuse, prompte au contact, aimant les amis, les fêtes. Et parallèlement à cela sont restés quasi légendaires dans la famille son goût et son extrême habileté pour le tricot.

Or je sais pour l'avoir pratiqué quelque temps et en avoir observé les effets sur moi que le tricot est un passe-temps d'aliéné.

Il est assez comparable à une drogue. On a des crises de tricot, on peut ressentir un véritable manque si l'on dispose d'une heure libre pendant laquelle on aurait pu s'y adonner et qu'on a négligé de le prendre avec soi, il provoque une pernicieuse accoutumance. On s'habitue vite au confort d'être à la fois là et absent, protégé par la barrière infranchissable des aiguilles et du rideau de petits points qui pend entre soi et les autres. Avec l'alibi en or d'être « utile », il est une magnifique excuse pour ne pas participer à la vie environnante et il permet de retarder assez longtemps le moment de rejoindre ceux qui vous y appellent.

« Attends, je finis mon rang… »

Or on sait bien que lorsqu'on en a fini un, rien n'est plus facile que d'en commencer un autre, quasiment par inadvertance. En période de crise grave on ne s'en aperçoit même pas, ça se fait tout seul. Une bienheureuse amnésie s'abat d'elle-même sur vous entre les derniers points du rang qu'on vient de finir et les premiers de celui qui a été commencé.

« Attends, je finis celui-là... »

Les justifications ne manquent pas – on est au milieu d'un motif, c'est le dernier rang des côtes, on arrive aux diminutions des emmanchures...

« Attends, je fais l'autre côté sinon je ne sais plus où j'en suis... »

Au cinquième, sixième rang commencé, les proches qui attendent – pour sortir ou pour dîner – peuvent à juste titre prendre cette inertie active pour une provocation ou une marque d'hostilité.

Si on lui en fait la remarque, la tricoteuse lève de son ouvrage un regard où se lit la plus grande surprise, un regard « loin de tout ça » très doux et légèrement embué, preuve de sa totale innocence. Elle est la plupart du temps sincère, on tricote rarement contre les autres mais bien plutôt pour son propre soulagement.

Car le tricot est un puissant anesthésique. Au stade inférieur du besoin d'anesthésie il y a le tricot uni, à un point simple et répétitif. Vu de l'extérieur celui-ci semble le plus abrutissant, le tricot « bête » – c'est faux. Les mains occupées à un mouvement machinal, la tête peut se laisser aller librement à des rêveries et il est difficile de couper tout à fait le contact avec l'extérieur.

Les points compliqués, les couleurs multiples me semblent relever d'un stade beaucoup plus grave de l'aliénation volontaire. A haute dose, et sous couvert d'une création plus artistique, on peut être littéralement shooté au jacquard. Et on ne peut pas déranger quelqu'un incessamment occupé à compter ses mailles pour ne pas faire d'erreur. Les proches s'abstiennent vite de toute intervention.

« Bon, ça y est, tu m'as fait louper un point, je suis obligée de recommencer mon rang... »

En cas de grand motif décoratif s'étalant sur tout un devant ou mieux sur le tricot entier manches comprises, l'écran entre soi et les autres est à peu près parfait. L'écran entre soi et soi aussi... Aux prises avec un nombre de mailles qui change tout le temps on ne peut même plus rêver.

Et bien protégée, les yeux, les mains et le cerveau occupés, point à point, rang après rang, on s'abîme dans une léthargie hypnotique, refermée sur soi dans son coin on tricote pour ceux que l'on aime, et que l'on ne peut pendant toutes ces heures ni toucher ni écouter. Puis la chose achevée on les regarde partir, au travail ou à l'école, couverts, enrobés de cette petite masse de tendresse impuissante nouée maille après maille. Alors de nouveau les mains vides et l'esprit inquiet il ne reste plus qu'à commencer un autre tricot.

Tricoter pour ses proches est une compensation à un sentiment d'impuissance et d'inutilité – du moins c'est ce que je pense.

Or ma mère tricotait.

De préférence des choses compliquées.

Et sans arrêt.

Je ne sais trop quoi déduire de cette information, mais je sais qu'elle poussait ceux qui l'entouraient au bord de la crise de nerfs à force de « attends, je finis mon rang... ».

Et maintenant je sais autre chose aussi...

J'ai appris depuis peu que les derniers temps – ça, ce sont des mots qui font mal car je l'imagine penchée innocemment sur son ouvrage sans savoir qu'elle vivait ses derniers mois, ses derniers jours, et j'ai envie de crier à ce pauvre fantôme ignorant : laisse tomber tes aiguilles et ton fil, vite ! Lève les yeux, regarde, bouge, vis au lieu de tricoter, tu as si peu de temps encore devant toi ! – j'appris donc qu'il ne lui suffisait plus de tricoter sans arrêt, mais que l'extrême habileté qu'elle avait acquise en ayant sans doute réduit l'effet calmant, tout à fait comme les drogués qui ajoutent un ingrédient de plus à leur poison devenu inefficace, elle avait trouvé le moyen de tricoter et de lire en même temps. Au moins un livre par jour, paraît-il, et tout ce qui lui tombait d'autre sous la main.

Anesthésie maximale...

De quelle impuissance, de quel besoin de refuge souffrait cette mère qui me couvrit de ses mailles du bonnet jusqu'aux gants en passant par le maillot de bain ? A quoi pensais-tu, ma mère tricoteuse, quand tu tricotais pour moi ? Et quand tu lisais en même temps pour t'abstraire encore davantage, quelles pensées fuyais-tu alors ? A quelle angoisse voulais-tu échapper ?

Je ne le saurai pas. Car ses yeux baissés sont devenus paupières closes, puis orbites creuses, et peut-être plus rien du tout à cette heure où je la cherche. Ses pensées se sont abîmées avec elle et son refuge est à présent définitif.

Ton besoin de fuite, ma mère – et c'est là une noire question à jamais sans réponse –, ne t'a-t-il pas entraînée bien plus loin que tu ne le cherchais ?

La nostalgie est noire et blanche

La nostalgie est noire et blanche.

Du moins pour les gens de ma génération, encore. Le cinéma, les débuts de la télévision, et les photos, bien sûr. Portraits d'aïeuls mais aussi de parents plus proches, de souvenirs d'enfance.

Et nous les aimons pour cela aussi. Ce délicat dégradé des gris de la nostalgie. Les gens, les choses et les paysages débarrassés de leurs trop attirantes et parfois trompeuses couleurs, comme un masque ôté, transposés en un pur graphisme, réduits à l'essentiel, les ombres et les lumières, l'ossature d'un lieu, d'un moment, l'essence d'un regard ou d'une expression, épurés comme les souvenirs mêmes. Toutes les traces de notre passé sont en noir et blanc.

Dans nos albums de famille ou nos boîtes à chaussures pleines de photos de vacances, maintenant, s'amoncellent des images où les verts et les jaunes éclatent, et pour mes petits-enfants, ou mes arrière-petits-enfants qui auront la curiosité de les ouvrir je serai, fixée sur ces bouts de papiers regorgeant de couleurs, une grand-mère aux yeux bleus sur fond de fleurs multicolores, et qui portait en ce lointain été, si lointain pour eux qu'ils le confondront avec la préhistoire, une robe bien rouge.

Finie la nostalgie noire et blanche.

Je ne peux m'empêcher de penser que c'est bien dommage...

Papa-maman

Est-il possible que cette femme-là m'ait caressée ?

J'en vois la preuve sur cette photo où elle tient ma main dans la sienne. Est-il possible que ma main ait touché sa main un jour et que j'en aie senti la chaleur ? Que ses cheveux aient chatouillé ma joue et qu'en riant j'aie appelé cette femme « maman » ?

Maman. Papa.

Quels mots étranges, étrangers.

Depuis trente-cinq ans je les évite. J'élude. Je passe au large. A la rigueur je dis « mon père », « ma mère », c'est moins intime, moins douloureux, ça passe mieux.

Mais « papa », « maman », c'est terrible... Je ne peux les prononcer sans que quelque chose de dur se noue dans ma gorge, ça fait mal, ça coince, j'ai l'impression que ma voix change, ce ne sont pas des mots à moi, ils brûlent. Quand par hasard je ne peux y échapper, quand j'ai à prononcer le mot « maman » dans un texte, par exemple, je le vois venir de loin, petit obstacle à franchir – passera ? passera pas ? –, je prends intérieurement mon élan, petit recul, imperceptible hésitation. J'ai toujours l'impression qu'il sonne faux.

Et puis quand je les entends, ces mots si naturels, si anodins, dans la bouche des autres, quand j'entends quelqu'un de mon âge ou même plus âgé dire – et comme cela coule de source, comme ce privilège est un dû naturel pour eux, comme ces simples mots passent sans effort entre leurs lèvres ! – « Maman m'a encore fait cela... », « Il faut que je dise à papa de ne pas oublier ceci... ». Mon pudique silence, alors. L'air de rien.

Et dedans cette petite crispation, seconde de solitude, ce

mur entre moi et eux, toujours, pour moi toute seule, à la porte de ce qui ne m'appartient pas.

Pas de quoi en faire un plat, ça passe.

Mais pendant un instant on se sent comme un qui aurait faim égaré chez les riches et qui écouterait parler caviar le creux au ventre et le sourire aux lèvres pour garder la face. Comme un exilé qui entendrait évoquer familièrement un pays qui fut le sien et devenu à jamais interdit pour lui. Quelles que soient ses chances par ailleurs, une seconde on se sent pauvre. Orphelin, quoi...

Ce n'est pas grand-chose. Rien qu'un petit moment.

On respire un coup. Ça passe.

Détail

Détail.

Je pensais à ma mère. Ou plutôt je tentais de penser à elle, et mon esprit ne pouvant s'accrocher à nulle réminiscence, à nulle impression, même floue, j'avais détaché mon regard de ce visage qui ne m'évoque rien et courbée au-dessus de la table j'étais prostrée dans une vague rêverie atone, sèche et vide.

Puis je m'aperçus que sous la table j'avais posé mes pieds l'un sur l'autre, un peu en dedans, tout à fait comme les bébés les ont en position fœtale dans le ventre de leur mère.

Je ne fais jamais cela.

Mon corps se souvient sans doute. Mais dans ma tête, rien. RIEN.

Détail...

Le photographe

Je sais du photographe qu'il préférait fixer sur sa pellicule l'eau, le ciel, les pierres, les saisons, et que les gens, rarement présents sur ses photos professionnelles, n'étaient qu'une ponctuation, des acteurs de second plan, des passants dans l'éternelle nature et le jeu des lumières qui le fascinaient.

C'est le visage du monde, qu'il voulait retenir, pas celui des humains, trop éphémères…

L'aube et les brumes

Il partait.

Il partait avant le lever du jour, dans le froid de la nuit. Et il n'avait pas froid, il allait. Il s'était habillé sans faire de bruit ni allumer la lumière, sans réveiller sa femme blottie à l'autre bout du lit ni sa fille qui rêvait au milieu de ses nounours. Tout est noir, tout est silencieux, juste le souffle léger de leurs deux respirations. Le plancher craque un peu. Attention... Non, tout va bien, elles dorment.

Les appareils photo sont préparés de la veille – et ces préparatifs du soir avaient déjà été un plaisir, un avant-goût de l'escapade matinale –, juste à les attraper et refermer la porte tout doucement, descendre et aller.

L'entrée de la maison, le jardin, déjà une bouffée d'air frais, et ça y est il est dehors. La nuit est à lui, et le silence, et la rue, et le monde liquide et végétal au-delà de la ville. L'atteindre avant le lever du jour, vite.

Le Robec est là, de l'autre côté de la rue, canal citadin qui charrie ses saletés mais dans la nuit on ne le voit pas, c'est un miroir calme et glauque, presque pur.

Quelques pas qui résonnent sur le pavé, fraternité avec le chat qui passe – salut, toi qui ne dors pas non plus, rien que nous deux dans cette rue, le monde nous appartient ! Mais le chat se sauve, il n'est pas complice. Il n'y a que les hommes pour se griser du sentiment d'être seul éveillé alors que tous sont encore dans l'anéantissement du sommeil, ignorants, absents. D'abord furtif, puis libéré, on respire l'air froid et la merveilleuse solitude, et la promesse des prés et des rivières là-bas pour soi tout seul.

Il sort la moto, appareils en bandoulière, la fait rouler à la main sur les pavés, assez loin dans la rue pour que le moteur qui va déchirer un moment le silence ne trouble pas, surtout n'éveille pas toute la maisonnée endormie, la tribu et sa femme et l'enfant qui s'éveilleront tous ensemble, beaucoup plus tard, à la vie ordinaire, claire et bruyante, quand tout appartiendra à tous.

Lui il va se sentir être, à grands pas dans la campagne, regarder le jour naître et capter, s'approprier, emprisonner sur la pellicule ce moment où la terre et le ciel se confondent, mariés par la brume. Et se sentir unique et agissant dans cette indéfinition, précis, agile, entier, fouler l'herbe gelée qui crisse sous les pas, sauter des clôtures.

Et la plus belle photo est encore plus loin, au-delà de l'étang, là où les arbres flottent dans la brume laiteuse. Et le monde n'a pas de fin.

Quelques bêtes bougent dans les roseaux, invisibles, et, dans tout ce silence et ce froid, il fait chaud dans sa peau et le sang bruisse aux oreilles.

Merveilles... Transgresser la loi commune qui voudrait que l'on soit endormi, être en avance sur le réveil du monde, lui voler une aube et s'en faire un moment d'éternité, puis un rêve sur papier glacé à offrir au regard des autres.

Puis le temps suspendu le rattrape, la brume s'efface, lambeau par lambeau. Réapparaît la frontière entre l'eau et le ciel, la réalité des choses. Les silhouettes fantasmagoriques et flottantes redeviennent des arbres accrochés à la terre, les oiseaux en prennent possession. La barque noyée et ses rames inutiles deviennent le symbole du voyage vers une rive qu'on n'atteint pas.

Il faut rester sur le bord, et rebrousser chemin vers la ville, le travail, les autres.

C'est un ami de mon père, qui travaillait avec lui au même magasin de photographie, qui me rapporta qu'il revenait de ces escapades avant l'aube radieux et crotté, transfiguré, tout mouillé encore, et qu'il s'ébrouait gaiement comme un chien. Il était magnifique, ajouta-t-il.

Et moi je dormais, pendant ce temps où il se transfigurait

dans la solitude. Et ma mère aussi. Ce sont des heures qu'on ne partage pas, même avec ceux qu'on aime.

Qu'est-ce qui te poussait si tôt hors de la maison, mon père ? L'amour de la nature, ta passion pour la photographie ou le besoin d'être seul ?

S’écrire – se crier

Curieux d’être si impérieusement poussé par le désir d’écrire, de dire. Au point de ne rien souhaiter d’autre, de refuser de faire quoi que ce soit d’autre. Attelé au besoin d’écrire.

Et puis de se retrouver là devant la feuille, des heures, des jours, envahi par ce si pressant besoin, avec un trop-plein de choses à dire, celles qu’on n’arrive pas à dire, qu’on sent mais qui ne se formulent pas – pas encore ou jamais – l’émotion qui gonfle et qui bloque tout, rempli à en avoir mal physiquement et le souffle court d’une aspiration impuissante, et ça pousse, ça pousse, mais ça ne sort pas et on ne sait pas ce que c’est. Si on savait au moins on pourrait. On pourrait ?

Des heures à tournoyer enfermé en soi, cache-cache avec les sentiments et ces deux morts qui fuient, ces deux fantômes sans autre visage ni forme que celle du regret. Puis l’on s’écarte, on s’en va, découragé, et on y revient car quoi qu’on fasse le besoin est toujours là, et l’impuissance. Et eux, absents. Et mal…

Contractions interminables d’une grossesse émotionnelle stérile. Comment faire pour accoucher de son fardeau et lui donner enfin une forme, traduire en mots cet étouffant silence et le voir là, intelligible, le reconnaître et le lire ? Se lire pour se reconnaître ?

Rien. Ça pousse, ça gonfle. Et rien.

L’impression de porter en soi un engrenage complexe et lourd, les grandes roues des sentiments et puis les petites roues des idées, le tout imbriqué qui pourrait tourner ensemble, ça devrait marcher, et dans un coin – où ? Où et comment ? Et pourquoi ? – un petit élément contraire, minuscule peut-être, qui fait obstacle et paralyse le tout.

Baudruche pleine à craquer refermée sur son silence, avec le besoin qui soulève et voudrait libérer et l'impuissance qui colle, qui fait masse. Bouché. Et la vie à côté, de l'autre côté du silence qui pourrait être bonne sans ce poids, qui pourrait…

Alors on y revient, on s'y colle. On revient à la table, courbé sur la feuille, dos rond et nuque inclinée de vaincu, avec ce stylo imbécile qui pend. Que faire ? Pousser, tenter de forcer ? Ne penser à rien et laisser venir ? On essaye tout et ça ne passe pas. Occlusion mentale…

Et puis lassé de l'effort, de cet effort sans forme ni moyens, ni résultat, ni épuisement final, tout à coup le vide atone, le temps suspendu, la bulle de stupeur qui prend la tête. Néant. Ça peut durer quelques minutes, une heure, il n'y aurait pas de montre on ne saurait pas.

Et puis on se réveille, on revient et c'est toujours là, l'informulé, pesant.

Et parfois le silence se contracte et au bout du stylo perle une petite chose, un mot, une phrase, si petite chose en regard de ce qui reste bloqué qu'elle semble l'expression même de l'impuissance. Que cela.

Et pas l'once d'un soulagement. C'est toujours là, le besoin, l'informulé qui pousse en vain, le trop-plein à craquer.

La feuille blanche nargue, on la salit un peu dans les coins. Elle s'orne de petits dessins géométriques, de petits Mickey. On s'égare dans des jeux abscons, on triture un mot jusqu'à le rendre abstrait.

Écrire.

ÉCRIRE… Jeu de lettres à bousculer légèrement et le nœud de l'engrenage est peut-être là. ÉCRIRE – CRI – S'ÉCRIER – SE CRIER – je m'écris et je ne me crie pas – SE RÉCRIER – me re-crier. Recréer ?

Et tu fais quoi avec ça ?

Que faire sinon s'écrire ? CRIER ?

Seulement crier ?

Attends. Attends, ne balaie pas trop vite, ce n'est peut-être pas seulement un jeu, une fantaisie sur un mot.

CRIER...

Oui, j'ai crié un jour.

Et depuis plus jamais.

C'est ça le nœud ? C'est cela qu'il faut que j'écrive ? Faut-il vraiment retourner si loin, dans cette maison de mort et me re-crier ?

Non. Je ne veux pas. Inutile.

Image d'une fête morte

Image d'une fête morte.

Cette photo n'est pas de mon père, évidemment, mais quand je la découvris au milieu d'un tas d'autres photos de famille, toutes inconnues de moi, celle-ci m'a parlé immédiatement. Elle m'a fascinée. Tout est là.

Cette photo me raconte le début de leur histoire. Leur histoire à eux deux, mais aussi tout ce qui pesait autour d'eux, sur eux.

Ma famille maternelle, mère, frère, sœur, amis. L'absence de mon grand-père me frappe – comme par hasard il n'est pas dans l'image, il est à l'écart. (Non, ce n'est pas ce monsieur à l'incroyable trombine qui est là avec sa femme et sa petite fille – je ne sais plus du tout qui étaient ces gens-là.)

Et devant les personnes, les choses. La table énorme, écrasante, les reliefs du festin saccagé, ingurgité sur la nappe chiffonnée. Et les bouteilles aussi présentes que les personnes.

Et debout à l'extrême droite, la lionne, ma grand-mère, les manches retroussées, toujours, le torchon ceint autour du ventre, qui avait préparé toute la nourriture, les hors-d'œuvre variés, les quatre ou cinq plats et la kyrielle des desserts habituels. Et la bouteille de kirsch est là, trônant au milieu de la table pour arroser un peu plus la salade de fruits ou le fameux gâteau aux marrons. Elle a son bras de meunière solidement appuyé sur la table, SA table, satisfaite d'avoir bien nourri tout son monde, de les avoir repus, alourdis de bien-être.

Comme ce devait être bon, en 1946 ou 1947, de s'en fourrer jusque-là après les privations de la guerre... Cette photo me dit cela aussi, l'impudique revanche de manger enfin à satiété, de tout, et trop.

Et derrière la table, encadrés, cernés par la famille et les amis alignés, comme à demi engloutis par les choses matérielles devant eux, il y a le couple roi, la nouvelle cellule au milieu du clan. Mon père, et sa main de jeune marié avec son alliance toute neuve sur l'épaule de ma mère, son poids de tranquille propriétaire sur son épaule. Et elle... Elle qui est là, contre lui. Qui est là. Et dont le visage m'a tout de suite fait mal.

Il est fort probable que j'aie là sous les yeux la photo de leur repas de noces.

C'est bien possible, oui. Car je sais que personne ne s'était habillé pour la circonstance, ma mère n'était pas en blanc et la chose s'était faite sans flonflons, dans l'intimité et plutôt discrètement. Presque un jour comme un autre. Ils avaient vingt ans, ils travaillaient au même magasin de photographie, ils se plaisaient, et mon père profitant du studio libre le soir avait demandé à sa jolie collègue de poser nue pour lui afin de parfaire sa science des éclairages...

Je ne sais quel fut le résultat artistique de ces séances nocturnes car je n'ai pas retrouvé trace de ces photos, mais elles eurent en tout cas un autre résultat bien tangible et toujours là : moi.

Ce n'était pas très bien vu, à l'époque, de faire les enfants avant le mariage. On a donc régularisé en janvier – il était temps, j'allais naître en juin. Avec un petit tailleur sombre à basque flottante autour de la taille de ma mère la chose pouvait presque passer inaperçue.

Je suis donc dans la photo, aussi. Je suis là, invisible mais présente, sous la table, dans son ventre, et sans doute la cause même de cette réunion. Cette photo est donc aussi le début de mon histoire...

Et puis passons sur le poids de la famille, la grande bouffe d'après-guerre et les circonstances de cette réunion pour arriver à ce qui m'a tout de suite attirée, fascinée dans cette image : ELLE.

Le visage de ma mère.

Son beau visage épinglé comme un pâle papillon au milieu de tout ça. Au milieu, parmi eux, et pourtant isolée. Terriblement isolée. A tel point que son jeune mari, mon père, pourtant collé à elle, me semble relégué à l'arrière-plan, fondu dans le groupe, un parmi les autres.

Je ne vois qu'elle. Elle seule.

Sa petite fleur blanche dans les cheveux, parure posée sur sa tête comme un déguisement, signe de gaieté contredit par la tragique neutralité de son regard absent de la fête. Cette petite mèche soulevée derrière son oreille et qui semble flotter, comme si un vent léger dans la pièce balayait son seul visage. Et cette pâleur diffuse sur sa peau, cette lumière intérieure, peut-être, qui émane des femmes enceintes, et qui donne l'impression qu'elle n'est pas dans le même éclairage que les autres.

Tous, autour d'elle, sont présents dans l'instant, pas elle. Elle est ailleurs. Nimbée d'absence.

Où est-elle ?

J'ai eu envie de l'isoler encore davantage, d'effacer tout ce qui l'entoure pour me concentrer sur son seul visage.

C'est encore pire.

Plus je m'approche d'elle, plus elle s'éloigne, plus me paraît profonde sa solitude intérieure, petite âme close derrière l'opacité de son regard.

Avec tout le reste autour c'était moins évident, son absence pouvait se trouver justifiée par le contexte. Ainsi isolé son visage est tragique en lui-même. J'essaie d'oublier qu'il s'agit de ma mère, et ce n'est pas moins douloureux.

Ce visage m'émeut et m'effraie…

L'agrandissement de l'image n'arrange rien, au contraire. Le grain du négatif comme un brouillard, comme une estompe qui gomme les détails, les traits, déjà, me rappelle d'autres photos de morts, ces mauvaises photos de faits divers, l'instantané d'un dernier regard sur un quai de gare

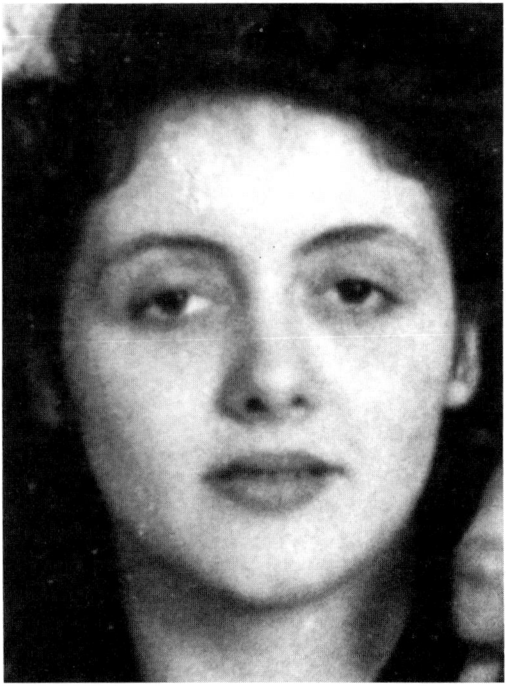

avant le départ pour un destin tragique, portraits fugitifs et grossiers de condamnés, de disparus dans les camps, ou ailleurs, cette sorte d'hébétude à laquelle les survivants donnent un sens, après, cette trouble fixité du regard où l'on croit lire un savoir, une seconde de prescience. Elle a ce visage à demi effacé, cet air si doux, ces paupières alourdies des victimes innocentes et résignées qui s'abandonnent à ce qui les attend. Un regard de l'au-delà.

Ses yeux me font mal.

Me font peur...

Et puis j'ai rapproché ce portrait de celui que mon père fit de moi quelques mois avant leur mort – mon portrait intemporel. Et cela m'a frappée, soudain. Moi qui cherchais en vain une quelconque ressemblance avec elle et qui n'en trouvais aucune, je l'ai.

Les yeux.

Ses yeux...

Et je viens seulement de le voir.

Une ressemblance avec laquelle je me suis battue à coups de rimmel, de crayons noirs, bleus, verts, depuis toujours – et combien en ai-je acheté, usé, quelles tartines me suis-je collées sur les paupières, avec l'alibi en or de mon métier de comédienne, pour échapper à cette ressemblance. Ces yeux que je connais, que je reconnaissais dans ma glace chaque matin, je les ai maquillés de toutes les manières possibles, les étirant, les retroussant dans les coins, contorsionnant l'expression même de mon regard pour en changer la forme, les cacher, les nier.

J'ai toujours en secret détesté mes yeux – mes VRAIS yeux – et ce regard que mon père avait fixé sur ce portrait.

Ce n'est pas un regard à sortir dans le monde, ça. C'est trop nu, trop démuni. Ce sont des yeux à se faire écraser par la première voiture venue, à se faire demander à chaque rencontre « qu'est-ce qui ne va pas ? », et vous prend immédiatement l'envie de vous cacher, de mettre des lunettes noires, de rentrer chez soi. Et je viens de découvrir – c'est à peine croyable – cette similitude avec ceux de ma mère.

Je croyais la chercher et je la fuyais...

Or depuis peu j'accepte de vivre avec et de montrer mes yeux nus tels qu'ils sont. Tes yeux, ma mère, et le regard que tu m'as légué.

C'est peut-être un premier pas vers ma vérité – celle d'AVANT.

Et un premier pas vers toi ?

Les mots clés

J'aime les mots.

Je respecte les mots.

Il en est qui tombent dans votre vie au moment précis où vous pouvez, où vous devez les entendre. Des mots parfois tout simples, entendus bien souvent, mais dont le sens ne vous a jamais pénétré.

Et tout à coup ils sont des clés.

Comme une réplique bien venue au théâtre peut éclairer tout un acte resté obscur et donner l'impulsion pour la suite.

Il en est quelques-uns qui m'aidèrent à clore une période floue de mes sentiments, qui eût pu s'éterniser peut-être, ne pas évoluer et mal se conclure sans la magie d'un de ces mots qui m'éclairèrent sur moi-même.

J'en citerai un, car il fut le plus exemplaire, le plus beau, il renversa totalement ma façon de ressentir un problème intime, et de ce mot qui le résolut naquirent des conséquences infiniment importantes et précieuses – on comprendra aisément par la suite de quelles conséquences je parle…

Ce mot – ou plutôt cette phrase clé –, ce fut mon compagnon qui le prononça.

Au bout de quelques années de vie commune, il apparut qu'une importante difficulté se présentait dans notre couple : la seule mention d'un enfant possible me jetait dans un état d'angoisse épouvantable.

Non seulement je n'avais jamais eu envie de faire un enfant, mais ayant soigneusement évité d'y penser, je n'avais pas encore découvert qu'il s'agissait là d'un véritable blocage, mentalement roulée en boule dès que l'on prononçait le mot « enfant ».

Je vivais donc ce blocage avec un certain effroi – je devrais plutôt dire que nous le vivions avec un effroi certain... – et les choses en étaient là, dans l'impasse, quand mon compagnon prononça ces quelques mots : « Le refus de l'enfant à ce point, c'est une forme de suicide. »

Je reçus les mots. Ils pénétrèrent en moi.

Ils agirent presque immédiatement à la façon d'un révélateur – tout m'apparut... Mon sentiment profond d'être du côté rompu d'une chaîne de vie et ma peur de la renouer, de me mettre « à la place du mort » en devenant mère à mon tour, mon souhait, effectivement suicidaire à un degré supérieur, que « tout s'arrête là » avec ma propre mort, sans descendance, sans laisser de trace, achever « proprement » l'œuvre de destruction commencée avec EUX...

Tout devenait clair, évident.

Trois mois après, j'étais enceinte.

(Je note, à l'intention de quelque éventuel lecteur du corps médical qui serait intéressé par les conséquences physiologiques pouvant résulter d'un blocage mental comme celui-ci, que je n'eus aucun besoin de contraception avant cette période où je « retombai sur terre ». Ça paraît énorme, mais c'est ainsi. Certains me diront que c'est là un hasard si, sans prendre aucune précaution, je ne fus jamais enceinte avant. Mais un hasard de quelque douze ou treize ans, c'est un peu long...)

Il est un autre mot qui tomba dans ma vie, il y a cinq ou six ans de cela, au cours d'une simple conversation.

Parlant avec une amie (il est vrai professionnellement adonnée à la psychologie...) de l'état d'orphelin et de ma manière, encore très à l'emporte-pièce, de voir la situation, elle me dit soudain : « On dirait que tu n'as jamais accepté la mort de tes parents... » Le mot me frappa comme une éclatante imbécillité et mon fou rire fut immédiat.

ACCEPTER ? ! !

Je le renvoyai du tac au tac dans le camp adverse à la façon d'un smash lapidaire. « Est-ce acceptable ? » Puis je n'y pensai plus.

Mais le mot était entré en moi, malgré moi.

Accepter...

Les mois passaient.

Je ne m'en apercevais pas, mais il avait commencé à agir, à la façon d'une goutte d'acide jetée sur le bloc de ma résistance.

Il minait, il dénouait, il faisait son chemin, son travail, tout seul.

Il est sans doute, ce mot si banal, à l'origine de ce livre.

Ce que me disent les photos

Et puis je regarde encore une fois toutes les photos. J'essaie de les regarder en m'oubliant. En oubliant ma quête, mon regret vivant, mes souvenirs morts que je cherche en vain à ressusciter. J'essaie de les regarder, elles, et d'écouter ce qu'elles me disent. Et je suis frappée de constater que toutes – mises à part quelques photos de famille –, toutes celles qu'il considérait comme sa véritable œuvre de photographe me disent les heures où le contour des choses est incertain, et le glauque de la vase, les mouvances de l'eau et le mystère obscur de ce qu'il y a au fond des étangs, la fragilité des reflets, la fuite de la lumière, des chemins, et celle du temps... Je ne crois pas me tromper.

Je ne crois pas que c'est le drame de leur mort qui colore – si je puis dire – ces images *a posteriori* d'un sens qu'elles n'ont pas. Non, aucune d'elles n'est vraiment légère, gaie.

Toutes me parlent du REGRET.

Et derrière le regard du photographe, c'est toi, mon père, qui me dis cela.

Quelle nature double étais-tu donc, toi réputé si joyeux ?

La croix sous la neige

La photo de cette croix sous la neige fut prise par mon père l'année même de sa mort.

C'est donc l'une de ses dernières photos.

En cet hiver précédant le déménagement vers le fameux pavillon il fut pris d'une soudaine passion pour les cimetières et en fit une série d'images – dont celle-ci – et aussi de nature enfouie sous la neige, de champs et de chemins glacés dans l'aube, de bords d'étangs gelés.

La neige, les cimetières – le froid, la mort…

Hasard ? Étrange coïncidence ?

Trop étrange pour que l'esprit ne s'emballe pas vers d'autres suppositions.

Avertissement ? Prémonition ?

Puis l'esprit s'arrête, effrayé.

Le même effroi, la même paralysie me saisit lorsqu'on me révéla la présence dans mon thème astral d'une « lune noire » qui indiquait un accident, une rupture, un signe de mort probable sur mes ascendants directs… Je n'ai pas voulu aller plus avant. J'ai fermé les yeux, bouché mes oreilles, fait taire (j'ai écrit « terre », puis corrigé…) mes pensées.

Comme devant cette presque ultime photo, cette croix sous la neige, j'ai calé. Je cale toujours devant le mystère, l'insondable mystère.

Tout est-il donc écrit ?

Là où ils sont

Je ne suis jamais retournée sur leur tombe.

J'en ai un vague souvenir qui me reste des visites que nous faisions au cimetière les toutes premières années suivant leur mort. Je me rappelle une modeste dalle gris pâle. Sur le dessus, était aménagée une petite plage remplie de bouts de verre multicolores que je trouvais très jolis.

Pendant que les adultes restaient là, debout, à se recueillir, à pleurer parfois, moi j'étais assise sur le bord de la tombe et je jouais avec les petits bouts de verre. Enfermée dans mon indifférence, j'en faisais des petits tas, des trésors, je les classais par ordre de mes préférences, vert, rose, bleu pâle...

Puis quand je commençais à avoir froid aux fesses sur ce carré de marbre, quand les adultes s'attardaient trop – mais qu'est-ce qu'ils foutaient là pendant des heures devant ce truc ! –, que la mesure de mon au-delà de l'ennui était comble, je partais courir dans les allées du cimetière, je cueillais des fleurs, je jouais à cache-cache, je devenais insupportable. Il fallait m'emmener. Enfin.

Dès que je fus en âge de décider par moi-même de ne plus y aller, je n'y allai plus. Et l'on respecta ma décision.

Puis par la suite et dans la logique de ma fuite, j'ai carrément oublié l'existence de cette tombe.

OUT. Hors de ma vie.

Elle me fut rappelée dernièrement – petit déclic, lointaine réminiscence qui remonte péniblement à la surface « ah oui ! elle existe, celle-là... » – lorsque se posa le problème de la concession arrivée à terme. Renouveler ou ne pas renouveler ?

La chose ne retint pas mon attention plus de trois secondes et je chassai le problème d'un geste, comme une mouche importune, laissant aux autres – tantes, oncles – le soin de le régler. Qu'ils fassent donc ce qu'ils voulaient, je ne me sentais aucunement concernée.

Je sais tout de même que cette concession fut renouvelée – tout de même... – mais je ne fis aucun pas pour le savoir, je ne posai aucune question. On me le dit. Donc, je le sais. Mais la pensée que cette tombe disparaisse ne me provoquait pas le moindre pincement au cœur. C'étaient eux présents, eux vivants vers qui je criais en silence, mais les restes de leur personne physique et ce qu'il en advenait m'indifféraient totalement.

Peut-on jurer d'une chose pareille ?

Non, bien sûr.

Car quelques détails contredisent cette indifférence, une indifférence que je ressens encore tout à fait sincèrement, mais trop brutale, trop péremptoire pour être honnête. Un détail, notamment, qui peut faire sourire : je vis au-dessus d'un cimetière.

D'un autre cimetière, s'entend. Quand je cherchai un lieu pour m'installer, cette disposition fut un hasard, bien sûr, mais je n'affirmerai pas que cela n'était pour rien dans le charme que je trouvai à l'endroit. Certaines personnes sont révulsées à l'idée de vivre en permanence avec des tombes sous leurs fenêtres, moi pas. Au contraire je me sentis là immédiatement chez moi. Les enfants y furent promenés bébés et vont de temps en temps encore arroser les fleurs en s'éclaboussant les pieds. C'est assez gai.

Et puis je me souviens aussi de mes fascinations préadolescentes pour les cadavres conservés de ce musée de Rouen où je passais des heures à les fixer...

Alors, l'on m'affirmerait à présent que j'ai refoulé depuis toujours une envie désespérée de gratter la terre pour me coucher sur leur cercueil et étreindre ce qui restait d'eux, j'écouterais sans rire, et je répondrais : c'est possible. C'est bien possible. Car d'autres choses encore, dont je découvris le sens depuis, contredisent cette indifférence, décidément bien suspecte, envers leur dernière demeure...

A trente ans, tombée depuis deux ou trois ans déjà du haut de mon indifférence royale, ayant reconnu ma volonté de non-attachement comme un mensonge à moi-même, je rencontrai mon compagnon.

Peu de temps après, il m'emmena à la campagne dans une petite maison qu'il possédait, perdue au milieu des bois et des champs – cette même maison où j'écris aujourd'hui…

Depuis cette demeure campagnarde de la colline de Bonsecours, pourvue d'un verger, d'un potager cultivés par ma grand-mère et où je vécus deux ans après la mort de mes parents, j'avais totalement oublié l'existence de la nature et je n'avais jamais remis les pieds à la campagne.

Entre-temps je l'avais vue, bien sûr, mais de loin, à travers la vitre d'un train, passant en voiture pour aller d'un endroit à un autre, du haut d'un avion, et j'avais tout de même remarqué, en ville, ces choses vertes qui poussaient çà et là, bien taillées et souvent encadrées de grilles et de murets, encerclées par le bitume, et qui servaient à agrémenter le gris du ciment.

Et cela me suffisait. Je ne peux pas dire que je n'aimais pas la nature, ni surtout que je n'en avais pas besoin – je l'ignorais.

Dans cette maison, donc, où il m'emmena, dans cet endroit entouré de tout ce qui poussait librement dans la terre, je subis un grand choc – un de ces chocs si profonds qu'ils ne se voient guère de l'extérieur, qui vous laissent muet, fragile et comme un temps paralysé.

C'était mon premier véritable contact avec la nature oubliée, voire rejetée, et je ressentis immédiatement qu'il ne s'agissait pas d'une découverte mais d'un retour.

On a compris, bien sûr, qu'en parlant ainsi de « nature », j'excluais la roide et sèche minéralité des montagnes, l'élément liquide et mouvant des mers, et que ce choc, ce choc silencieux me vint de celle des graines et des racines, des plantes qui meurent et pourrissent pour enrichir la terre et permettre la naissance des plantes futures, toute cette dualité mort-vie, l'une se nourrissant de l'autre, si étroitement imbriquées là, si immédiatement palpables sous nos mains, sous nos pieds.

Les premiers jours je ne sortais guère de la maison, puis aussi prudente, aussi circonspecte qu'un chat en milieu étranger, j'en fis le tour, je reniflai, j'explorai mon territoire, me hasardai à faire quelques pas sur l'herbe, à l'écoute d'une lointaine et indéfinissable émotion.

Et mon compagnon s'étonnait de ce que je ne me jette pas immédiatement dans les champs, dans les chemins creux et la profondeur des bois à la chaude odeur de décomposition végétale... Bien impuissante à lui expliquer pourquoi – je ne le savais pas moi-même.

Quelque temps plus tard, après plusieurs séjours, je lui confiai que, bizarrement, je pensais très souvent à mes parents dans cet endroit.

Je m'en étonnais.

Puis l'amorce d'un jardin ayant été défrichée, je me retrouvai un jour en train de creuser le sol avec une pelle et une émotion m'envahit, si soudaine et puissante que je m'assis sur place, au milieu d'un carré de terre retournée et pleurai sur leur mort comme une enfant, librement, comme je n'avais pas pleuré, directement sur eux, depuis leur enterrement.

Je ne m'en étonne plus.

A la relecture de mes pages, avant que je ne parle de mon « atterrissage », je suis frappée par tous ces mots qui me sont venus spontanément et qui traduisent mon éloignement de la terre – j'étais « flottante », « au-dessus de tout ça », « légère et forte », je « survolais », je « jetais par-dessus bord », etc. Et ne commençai-je pas le début même de ce texte en disant que j'étais « tombée du haut » de mon indifférence ?

J'avais décidément atterri. Ou plutôt j'étais en train d'atterrir. Plutôt lentement... Comme ce serait simple, merveilleusement simple, après une si violente réaction contre leur mort suivie d'une si longue fuite, si tous les nœuds pouvaient se dénouer sans efforts, sans révolte.

Une révolte de mon corps même.

Car est-ce un hasard si, précisément à cette période où je touchais enfin terre, où je la touchais vraiment, la creusais, la foulais, je fus brutalement saisie par des tendinites aiguës aux deux tendons d'Achille, alors que je n'en avais jamais souffert auparavant ? Inflammation devenue vite chronique, obsédante, et qui m'interdisait parfois pendant des jours de « poser le pied par terre », comme si ça brûlait, là, en bas.

Après une si trompeuse légèreté, que j'avais du mal à peser sur cette terre qui est, finalement, le lieu où ils sont.

La cave labourée

C'est un peu plus tard, plus à l'aise dans mes retrouvailles avec la mère-nature, m'y épanouissant avec l'aide de mon compagnon, que me vinrent deux rêves. De ces rêves si frappants, si magnifiquement symboliques qu'ils restent gravés en vous pour toujours alors que tous les autres s'effacent.

Ceux-là sont bien plus que des rêves.

Le premier – auquel, peut-être à tort, j'accorde une moindre importance – me vint une nuit après que j'eus planté des iris, comme il se doit à peine enfouis dans le sol, les épais rhizomes affleurant la surface de la terre.

Dans mon rêve, j'étais revenue à Paris, dans ma vie habituelle, et je vaquais tout naturellement à mes affaires, professionnelles ou autres. Tout était normal. Le seul détail surprenant était que je portais maintenant une étrange coiffure.

J'avais des iris sur la tête.

Ou plutôt dans la tête. Les rhizomes y étaient solidement implantés, devenus partie intégrante de mon crâne, incrustés dans les os, et leurs racines plongeant dans mon cerveau, s'en nourrissant, ça poussait magnifiquement.

Donc s'élevait à la place de mes cheveux auparavant platement normaux, une couronne de feuilles drues et bien vertes dressées vers le ciel.

C'était superbe et tout à fait indolore.

Autour de moi l'on s'inquiétait – je ne sais pas qui, ils étaient invisibles dans mon rêve, mais je percevais l'étonnement, l'inquiétude des autres à mon égard, j'entendais leurs questions : Ça ne te fait pas mal ? Tu ne peux vraiment pas retirer ça de ta tête ? Et je répondais très calmement : Non, vous voyez bien que c'est impossible, ils font partie de moi. Ce n'est pas grave, je m'y fais très bien. Il me faut vivre avec puisque je suis ainsi désormais.

Moi qui ne me rappelle jamais aucun de mes rêves – mis à part ceux que je raconte dans ces pages – je m'éveillai ravie de celui-là, simplement étonnée de son étrangeté et de la précision, la force inhabituelle des images que j'en conservais. Et sur le moment je lui accordais comme simple signification que ma passion naissante pour le jardinage commençait à prendre intimement possession de moi...

Puis quelques jours plus tard, je fis un autre rêve, encore plus étrange, aux images d'une grande beauté surréaliste, et qui me laissa plus fortement impressionnée.

J'étais dans un milieu cette fois tout à fait campagnard, à l'entrée d'une cave – l'une de ces caves construites dans certaines régions à l'écart de la maison principale, simple bâtisse en pierre sans fenêtres, et dans laquelle on entrait par une porte étroite et basse.

Dans celle-ci, il fallait ensuite descendre trois ou quatre marches, car on avait creusé cette cave pour en abaisser le sol au-dessous du niveau extérieur de la terre, afin sans doute d'en garder la fraîcheur, car il y régnait un froid mortel.

Il y avait donc là, en bas, faiblement éclairé par le peu de lumière qui entrait par la porte, un sol en terre battue, si ancien, si dur, aussi dur que du ciment, si tassé depuis des générations qu'il avait un aspect parfaitement lisse, comme ciré.

J'entrais dans le bâtiment, je descendais les quelques marches, afin d'y poursuivre un labeur que j'avais déjà commencé : j'allais continuer, en commençant par le fond, dans la partie la plus sombre – mais on ne distinguait pas le fond, il se perdait dans le noir – à labourer cette cave...

Tout de suite, des voix à l'extérieur m'arrêtaient, tentaient de me dissuader – j'ai noté un point constant dans ces quelques rêves qui me restent en mémoire : les autres, invisibles et anonymes, donc les autres en général, sont toujours très inquiets pour moi, et je passe mon temps, moi très à l'aise, moi qui me sens normale alors que tous me trouvent anormale, à les rassurer sur mon sort!–, ces voix, plutôt véhémentes, me disaient d'arrêter, que mon travail était inutile, impossible, que j'allais m'y casser les reins, que cette terre battue était dure comme de la pierre...

Mais non, répondais-je en empoignant ma pelle-bêche restée sur place, c'est très facile, regardez. Et j'allais tout au fond, là où l'on distinguait à peine dans la pénombre une partie du sol déjà labouré, et ma pelle s'enfonçait comme dans du beurre, retournait des mottes de terre d'un beau brun chaud et clair qui s'émiettaient avec une facilité, une douceur déconcertantes.

Je labourais ainsi, sans aucun effort et sans être du tout gênée par le froid sépulcral de l'endroit, en lignes régulières progressant vers la porte.

Pendant ce temps, les voix des autres, à l'extérieur, se faisaient plus pressantes pour me décourager, me persuader d'arrêter – quand bien même j'arriverais à retourner toute cette terre, sans lumière, sans chaleur, rien ne pousserait là-dedans!

Et j'allais vers la porte, montais les quelques marches, ma pelle à la main, pour les assurer du contraire – mais si, ça poussera très bien, vous verrez! Et me retournant alors, je découvrais en même temps qu'eux un merveilleux tapis de fleurs multicolores poussé tout seul, miraculeusement, là où j'avais labouré, et dont les vives et fraîches couleurs s'estompaient au fur et à mesure qu'elles se perdaient dans la pénombre, et l'on ne distinguait pas, dans le noir total qui régnait encore plus loin, ni le fond de la cave ni la fin de ce tapis de fleurs. Voyant cela, les autres s'étaient tus.

Et moi je me taisais aussi, toute à ma surprise et à mon émerveillement.

J'avais fait pousser des fleurs dans une cave...

Je ne suis pas du tout une maniaque de l'interprétation des rêves. Comment pourrais-je l'être, d'ailleurs, puisque je me souviens de si peu d'entre eux! C'est peut-être justement cette rareté qui me donne l'impression que ceux que je rapporte dans ces pages – trois rêves conservés en vingt ans, c'est peu – sont plus que des rêves. Ils font partie de ma vie, aussi réels que ce que je vécus éveillée.

Je ne ferai donc pas de suppositions trop hasardeuses quant à ce que peuvent signifier ces deux-là.

J'en retiens simplement que je gratte, que je creuse, que je tends vers les racines ainsi que je le fais dans ce livre. Et ô miracle s'il pouvait advenir que de tout ce travail, qu'au bout de cette recherche dans le noir de ma mémoire – comme de ce labour d'une terre sèche et morte au fond d'une cave – naisse en moi une force neuve et vivante, comme les fleurs de mes rêves.

La voix de la sagesse

Ce matin, la voix de la sagesse s'est fait entendre à moi par la bouche de mon fils de huit ans.

Nous étions tous les deux dans ma chambre, vaquant chacun pour soi à nos occupations respectives, en silence mais heureux de nous sentir l'un près de l'autre. Lui pianotait sur l'ordinateur, absorbé – du moins apparemment – par une de ces luttes intersidérales qui le passionnent tant, et il tuait des extraterrestres à la chaîne, en ayant pris soin de couper le son afin que le crachouillis insupportable qui tient lieu de cri d'agonie aux Martiens ne trouble pas mon travail.

Moi, sur une table voisine, presque en vis-à-vis, je tapais quelques-unes de ces pages, lentement et très absorbée, car réécrivant une ligne par-ci, changeant un mot par-là, si pleinement concentrée dans mon effort que mon fils dut sentir du côté de ma table une absence d'une qualité particulière.

Soudain il arrêta l'ordinateur et vint s'accouder à la table en face de moi pour me regarder.

Il considéra un moment mes pages.

– Qu'est-ce que tu tapes, là ?

– Tu sais, c'est ce livre que j'ai commencé l'été dernier à propos de mes parents. J'essaie de le continuer.

– Mais... ils sont morts !

– Bien sûr, ils sont morts. Mais j'ai tout de même envie d'écrire sur eux parce que j'y pense toujours.

Il médita la chose en silence, visage lisse et calme, puis il délivra posément son message d'une voix égale :

– Bon. Il faudrait arrêter d'y penser maintenant.

Puis sans plus s'occuper de moi, il retourna à l'ordinateur, le ralluma et reprit ses luttes futuristes.

Ébahie et émue, tout à fait incapable de continuer à taper des pages devenues brusquement dérisoires, je regardais son

petit profil sérieux, impénétrable, cette tête d'enfant qui avait si bien et si rapidement pesé et résumé la situation.

Il faudrait arrêter d'y penser maintenant...

Bien sûr, petit bonhomme, il faudrait que j'arrête. Ce serait la seule bonne chose à faire. Tu as raison. Mais comment ? Tu viens de me faire entendre la voix de la sagesse, mais ta mère n'est ni sage ni raisonnable. La preuve : je ne peux pas suivre ton conseil et me voilà repartie, emportée malgré moi dans cette maison vide avec deux morts à mes pieds alors que tu es là, présent et vivant. Ta mère porte en elle une petite fille qui n'a pas grandi...

Quelques instants plus tard je m'arrêtai de nouveau, frappée.

Je venais de réaliser que mon fils avait exactement le même âge que moi lorsque j'avais ouvert la porte de cette salle de bains.

Achever, maintenant

Il faudrait achever, maintenant.

Achever, oui. Et l'ambiguïté de ce mot, son sens meurtrier me paralyse la main.

Disons qu'il faudrait arrêter d'écrire, ça fait moins mal.

Il serait temps. Il serait temps...

Les mots me viennent de plus en plus difficilement, de grands moments de méditation ou de vide hébété entre les phrases rendent mon effort plus lourd, plus lent, pour ajourner le moment d'achever.

Je n'arrive pas à finir ce livre.

Je voudrais ne jamais le finir.

Car je ne suis pas parvenue à exprimer le quart du regret qui me pèse, je voulais partager et tout me reste sur le cœur, je ne suis soulagée de rien, et à contempler pendant des heures les photos de mon père il ne m'est rien revenu de mon enfance, ni d'EUX.

Ma mémoire reste obstinément noire et blanche. Une mémoire de papier.

C'était trop tôt, sans doute.

Ou trop tard...

Tout ce travail ne m'a même pas donné l'illusion de me rapprocher d'eux, au contraire. Ils sont perdus, bien perdus pour moi, sans doute définitivement. Je n'arrive pas à mettre un terme à ce monologue, car j'ai l'impression pénible, en arrêtant d'écrire – cette nouvelle douleur était-elle vraiment nécessaire ? – de les rejeter dans l'ombre et le silence.

Fin. Sujet clos. Tourner la page. Passer à autre chose...

Tous ces mots me font mal, j'ai le sentiment de les enterrer une fois encore, et je m'accroche à mes pages presque désespérément.

Deux années d'écriture contre trente-cinq ans de silence, est-ce trop, ou trop peu ?

Je ne sais.

Mais il faudrait achever, arrêter cette recherche vaine vers le passé, et tirer un trait sur ma mémoire amputée.

Tant pis.

Et ceci achevé, comme le disait si sagement mon fils, « arrêter d'y penser maintenant ».

Il serait temps...

Ce matin-là

J'ai tenu jusque-là.

Je voulais d'abord écrire sur ces photos, sur les photos simplement. Et j'espérais vaguement que la découverte après tout ce temps de beaucoup d'entre elles me rappellerait quelque chose de mon enfance, des visages, des moments, une perception oubliée d'eux ou de moi avec eux. Rien. Aucune résurgence de ces neuf années.

Je me suis alors trouvée entraînée à écrire « à côté » des photos, sur ce que leur mort a provoqué en moi et par conséquent dans ma vie. Une sorte d'état des lieux après trente-cinq ans d'orphelinat, finalement très mal vécu. Si je le savais avant, ces pages m'ont amenée à me rendre compte à quel point, effectivement, je n'ai pas accepté leur mort, à quel point le regret repoussé, étouffé, combattu est resté vivace en moi, intact.

Quand je me suis attaquée à ce livre je rêvais de noircir mes pages avec une belle distance d'écrivain. Je me souhaitais calme, mesurée, réfléchissant posément au-dessus de mon cahier, contrôlant mon émotion. « De la tenue en toutes circonstances... »

Dans cette vision idéale, il était hors de question d'écrire avec un paquet de Kleenex sur la table. C'est raté. Je dois avouer que non seulement un, mais plusieurs paquets sont passés à la poubelle après avoir épongé mes moments difficiles, relayés en cas de pénurie par le quasi inépuisable rouleau de papier wc. Petites fleurs chiffonnées s'amoncelant dans la corbeille...

Non, je ne suis pas forte. Non, je ne suis pas mesurée. C'est assez de ce vieux tic de me vouloir pleine de sang-froid alors que je transpire le regret par tous les pores. A qui mentir seule à une table ?

Dans cette optique idéale de mesure et de distance, je me refusais aussi – et surtout, au premier chef – à écrire ce qui s'était passé le matin où je les ai trouvés. Décrire le matin de leur mort... Complaisance, pensais-je, anecdote, aucun intérêt. Aucun intérêt en soi, c'est sûr, mais là n'est pas la question. Il faut que je l'écrive, je le dois. Non par complaisance ou exhibitionnisme, non par envie d'attendrir les autres sur mon sort – qui n'a pas, loin de là, été mauvais par la suite ! –, mais parce que ce que j'ai vécu ce matin-là est la pierre d'achoppement de toute ma vie ensuite. C'est mon seul souvenir. Précis en moi, avec les sons, les odeurs, les mots, comme si j'y étais encore. C'est l'exact moment entre l'avant et l'après dont j'ai tant parlé. C'est là que ça s'est passé. Je n'ai rien retrouvé d'avant, je continue à me débrouiller avec l'après et je tairais le moment où ma vie a basculé ? Je tairais mon seul souvenir ?

Arrivée à ce point, désarmée, tout à fait désarmée, je suis en train de m'avouer que je n'ai peut-être entrepris ce livre que pour en arriver là. Depuis le début sans doute je savais – sans vouloir le savoir, vieille manie – qu'il faudrait que je le dise, que j'avais besoin de le dire. Enfin.

Les moments que j'ai passés seule dans cette maison ce matin-là, seule avec leurs deux corps étendus et ce bébé innocent dans son berceau, eux encore vivants peut-être, un souffle de vie prêt à s'éteindre, vraiment seule dans l'éblouissement de la catastrophe, pur moment de solitude nue, sans pensées, sans défense, dans le choc de ce qui arrive, avec le silencieux vacarme de déchirure dans la tête, ce moment fulgurant – mais si long, si long, une si longue bascule ce passage de l'avant à l'après, ce temps suspendu avant que la vie autre ne commence – ce moment crucial de mon existence je ne l'ai jamais partagé avec personne. Je n'ai jamais raconté, jamais parlé de ce qui s'est passé ni à ma sœur, ni à ma tante, ni à personne d'autre. Non pas que je l'aie tu volontairement, ça n'est jamais sorti, tout simplement.

J'ai oublié tout le reste, noyé toute mon enfance, mais je garde ce matin-là à fleur de mémoire, je le porte en moi depuis trente-cinq ans et il accompagne tous mes instants. Dans mes heures les plus heureuses il est là, intact, précisément gravé en moi, comme un contrepoint. C'est le souvenir de ma vie. Nul besoin de le susciter, de le rechercher, inutile aussi de vouloir l'annihiler, j'ai les images devant les yeux, elles viennent toutes seules. Quoi que je vive, surgit dans ma tête à l'improviste un bout de ce matin-là, image toute propre, nette, incroyablement fraîche et vivante.

Ce n'est pas un souvenir comme les autres qui au fil des ans s'enjolivent ou se déforment, pris sous un angle puis un autre, perçus différemment, sous d'autres couleurs au fur et à mesure des âges de la vie. Le mien est immuable. Il est, une fois pour toutes.

D'ailleurs, est-ce vraiment un souvenir ? Il fait partie de moi. Il est moi.

Je sais fort bien aussi qu'en l'écrivant, je ne m'en débarrasserai pas. Ce serait trop simple. Je ne vais pas, en le transcrivant en signes sur une page blanche, exorciser quelque noir secret qui restera – bon débarras – enfermé entre les pages. Non. Il continuera à m'accompagner. J'aurai toujours des flashes, des images, des bouts de ce matin qui se superposeront à mes pensées, un moment de lui tout frais dans mon présent. L'escalier... Moi heurtant une chaise et le bruit qu'elle a fait. Mes mains sur la rambarde du balcon et le froid de la rambarde. Le berceau de ma sœur dans leur chambre, tel qu'il était exactement, et la lumière de la chambre. Et le plus souvent – oui, le plus souvent c'est cette image-là que je revois – les jambes de ma mère étendues sur le carrelage qui apparaissent derrière la porte de la salle de bains, et celles de mon père, plus loin. Leurs jambes par terre...

Mais entendons-nous, il n'y a rien de dramatique dans la présence de cette image. Elle ne me choque pas, ne tombe pas comme un pavé ou un rideau abrupt dans mes pensées, elle ne me masque pas ce que je suis en train de vivre. Elle est infiniment légère, transparente, comme un filtre, image immuable en filigrane entre moi et ce que je vis. Ce n'est ni triste ni déchirant, ni même surprenant, ça vient comme ça veut, j'ai l'habitude. C'est là. Ça ne m'empêche pas de rire ni de continuer à parler, de travailler. Tout au plus une légère distance parfois. A quoi penses-tu ? On me sait un peu distraite… Je prépare le repas, je répète une nouvelle pièce, j'embrasse mes enfants et l'image de la salle de bains est là. Je suis dans ma vie, dans les instants de ma vie et en même temps, tandis que je touche mes enfants si vivants et si chauds il y a leurs jambes par terre derrière la porte. Je suis à la porte de cette salle de bains pour toujours et l'enfant qui les découvrit continue à vivre dans la femme que je suis.

C'est mon souvenir fidèle, c'est lui je crois qui a fait de moi un être doué pour le bonheur. J'apprécie, vraiment, tout ce qui m'est arrivé de bon depuis. Je savoure, je cultive, je me roule dedans. Et je ne prends pas à la légère ma chance de n'avoir eu jusqu'à présent aucun autre véritable malheur sur ma route. L'image de leurs jambes par terre est là pour me rappeler la déchirure possible.

C'est vous, mon père et ma mère, par terre, si immuablement présents dans ma tête, qui m'avez appris ce qu'il peut advenir du bonheur en une heure, en une seconde. C'est très pragmatique, très terre à terre, ce que je dis là. C'est une référence plutôt simpliste – et parfois bien pratique – pour juger de l'importance des choses. Pas de grandes envolées sur le sens de la vie, elle est ou elle n'est pas.

Pour le moment elle est. Alors je cultive.

A voir si cette image de leurs corps par terre, si la référence pour l'instant si légère, si transparente, de l'anéantissement possible ne s'opacifiera pas un jour par quelque alchimie des événements ou de mon esprit pour me masquer mes chances, étouffer ma joie de vivre et renverser mon positif acharné en négatif subit. Qui peut le dire ?

Il ne me resterait alors, avec un indicible soulagement et une grande paix peut-être, qu'à ne plus faire tant d'efforts pour être heureuse, à rentrer DANS l'image que je porte en moi, à les rejoindre comme ils me le demandaient ce matin-là, à m'allonger entre eux sur le doux et frais carrelage, si légère à mon tour, là où peut-être j'aurais dû être si je n'avais pas été si désobéissante...

Pour le moment je vais, je vis, j'embrasse et je tremble, comme tout un chacun.

Ça va. Ça va très bien. Encore.

Le pavillon qu'ils avaient acheté était très laid.

C'était un de ces pavillons de banlieue comme on en faisait dans les années cinquante, en ciment, avec des murs qui résonnent, qui sentent le creux.

Devant, séparant la maison de la rue, il y avait un rectangle de terrain, qui n'a pas eu le temps de devenir un jardin, fermé d'une grille de la hauteur d'un homme. Le rez-de-chaussée était surélevé au-dessus d'une cave-remise-garage et l'on y accédait par un escalier flanqué à la façade et qui débouchait sur un balcon étroit, avec l'inévitable rambarde en fer même pas forgé. Une petite porte-fenêtre donnait sur ce balcon.

La maison n'était pas grande. En bas, une pièce principale et la cuisine. La cage d'escalier occupant une bonne partie de l'espace restant, il n'y avait à l'étage que deux petites chambres séparées par la salle de bains, le tout donnant sur la rue.

La maison des voisins était exactement semblable, accolée à la nôtre. Après un petit espace la suivante à celle d'après, sur le même alignement, toutes ayant leur rectangle de terrain sur la rue, séparés par des murets assez bas qui permettaient une conversation de jardin à jardin ou de balcon à balcon.

Les voisins immédiats avaient une petite fille de mon âge et je jouais avec elle. Nous allions sans doute dans la même école, peut-être dans la même classe. Aucun souvenir. Si je me souviens d'elle, c'est qu'elle a tenu son rôle ce matin-là.

Je ne fais pas de cette maison et de cette rue une description très rose – ça n'est pas franchement étonnant. Y aurais-je vécu heureuse avec les miens que je n'aurais sans doute pas attrapé cette aversion profonde pour les rues de banlieue, de toutes les banlieues, même luxueuses. La paix et le silence qui y règnent sont pour moi porteurs d'une menace sourde. J'y flaire une odeur de mort rôdant au-dessus des clôtures. Univers propre à la tranquillité domestique et au fait divers. Impression irraisonnée, totalement subjective. Le malaise flou. L'envie d'être ailleurs... Seraient-ils morts en pleine campagne que j'aurais sans doute haï tous les prés de la terre, et le centre des villes s'ils étaient morts en ville. Mais c'est en banlieue qu'ils sont morts. C'est idiot, sans doute, mais ça tient bon. Ça vous enchaîne, ces impressions-là.

Mon aversion s'est d'ailleurs étendue à tout ce qui est nouvellement construit. Maisons ou même appartements neufs déclenchent chez moi le même malaise. Y résonne un vide suspect entre des murs imprégnés de rien, même s'ils sont couverts d'une épaisse moquette. J'y suis prise d'une envie enfantine et irraisonnée de gagner la porte. Je n'aime que le vieux, les endroits qui ont abrité d'autres vies, qui ont fait leurs preuves comme lieu de vie. Les murs gardent une trace indéfinissable des présences antérieures et je m'y sens protégée.

Je connais d'autres gens pour qui, à l'inverse, les vieilles maisons sentent la mort et qui ne supportent pas, précisément, de percevoir que l'on a vécu là avant eux, leur aversion guidée tout comme la mienne par des impressions d'enfance vagues mais tenaces.

Pour moi, c'est le neuf et les banlieues.

Il faut dire que mes parents n'avaient pas eu le temps de rendre cet endroit vivant. Nous y avions emménagé probablement au début de l'été et on les en a sortis le 6 novembre. Quelques mois, si peu de temps en tout cas que les magasins où ils avaient acheté les meubles à crédit acceptèrent de les reprendre.

J'ai retrouvé une petite photo de cette maison. Il est inutile que je la montre, c'est encore plus triste et laid que ce que j'ai décrit. C'est impensable d'avoir voulu vivre là. C'est un endroit idéal pour mourir bêtement, à la rigueur…

Mais qu'est-ce qui leur a pris ?

Qu'est-ce qu'ils faisaient là ?

Cette idée vient de me surprendre en écrivant ceci. Qu'est-ce qui leur a pris de venir – tant pis, le mauvais jeu de mots a surgi aussi malgré moi – s'enterrer là ? Je n'y avais jamais pensé. Accoutumée à avoir une image d'eux abstraite, immatérielle, je ne me suis jamais interrogée sur ce qui les a poussés à choisir un endroit aussi triste et laid.

Je bute. Quelque chose m'échappe.

Ce pavillon ne va pas avec mes parents. Non seulement avec l'image que j'en ai, mais avec le peu que je sais d'eux, un peu bohèmes, fantaisistes. Il y a erreur, ça ne colle pas.

Ça ne colle pas avec mon père, avec ses photos, avec le goût qui se dégage de ses photos. Quand bien même aurait-il eu envie de fuir le milieu citadin et un matriarcat trop pesant, je sais qu'il aimait passionnément la campagne, la vraie campagne, l'eau, le ciel, les horizons, le contact avec la nature, témoins toutes ces images d'aube et de brumes rapportées de longues balades au lever du jour, mais pas ça, mais pas ça. Non. Pas ce rectangle étriqué enserré dans des murs en ciment. Ça ne va pas.

Ma mère, alors ?

Serait-ce elle qui a voulu cela ? L'envie, au sortir d'une longue dépendance à sa propre mère, d'avoir sa petite maison bien à elle, son intérieur bien propre, bien cloisonné, mais avec des voisins proches pour ne pas être trop isolée ? Pourtant si peu que je sache d'elle ça ne colle pas à son côté un peu désordre, à cette vie tribale qu'elle avait toujours connue jusque-là, à son goût des gens, de la gaieté. Je l'imagine mal entre ces murs étroits occupée à maintenir bien propres ses enfants et ses meubles tout neufs. Non, ça ne va pas non plus.

Alors quoi ?

Un simple tic d'après-guerre, le pavillon individuel dans un nouveau quartier, le rêve stéréotypé du couple qui s'installe ? Simplement et bêtement ça ?

Je ne comprends pas. Il y a là un nœud que je n'arrive pas à démêler.

Mais il ne fallait pas. Non, il n'aurait pas fallu...

Cette impression est aussi confortée par le fait que du côté de la famille de ma mère comme de celle de mon père on avait toujours habité du « vieux », des endroits qui avaient un vécu, soit en pleine ville dans un quartier populaire comme celui que nous venions de quitter, soit des vraies maisons campagnardes comme celle de la colline de Bonsecours où j'allais vivre ensuite pendant quelques années. Était-ce par goût ? Ou par nécessité, l'habitat ancien étant moins cher ? Je ne sais. Mais cela a continué, d'ailleurs. Dans les deux familles, il y eut des déménagements, d'autres maisons ou appartements – j'ai en mémoire un kaléidoscope de portes à vitraux, de recoins, d'odeurs de vieux parquets, de sols en terre battue, de huches à pain, réunis en une impression générale provenant de quatre ou cinq habitations différentes, toutes anciennes – mais personne n'eut jamais l'idée, ni avant ni par la suite, d'acheter ou de louer un pavillon comme celui-là. Ce fut le seul. L'erreur. Le hiatus...

Toutes ces impressions confuses mais profondes, couronnées par le choc de leur mort à cause d'une maison neuve et mal finie, leur mort PAR elle – prix terrible payé pour la transgression de la tradition familiale de l'ancien –, tout cela suffit, je pense, à créer en moi un goût sans doute irréversible pour les lieux, qu'ils soient citadins ou campagnards mais surtout pas banlieusards chargés d'une petite, même toute petite histoire.

Je fabule. Je déraille. On meurt ici ou ailleurs, me dira-t-on, et c'est le hasard.

Oui. Oui. Bien sûr. Tout cela est probablement stupide. Ça n'est pas raisonnable au sens propre du terme. Je déraille, oui, et encore je ne dis pas le quart de ce qui peut me passer par la tête à ce sujet, ça ferait rire... Moi qui suis réputée si raisonnable, justement, et si équilibrée, je me reconnais une véritable superstition. La superstition à l'état brut, incontrôlable, obtuse. Je lui obéis.

Bon. J'ai planté le décor, on le voit, rien de plus à en dire, alors ça suffit. Qu'est-ce que je vais bien pouvoir inventer encore ? Quelle nouvelle digression va me venir en tête pour reculer le moment de coucher mon souvenir sur la page, pour le DIRE, pour la première fois ?

Ce dimanche 6 novembre, nous devions aller déjeuner chez ma marraine. Elle avait souhaité réunir les deux familles au grand complet, et dans les maisons de mes grand-mères, celles de mes oncles, on avait dû sortir les robes du dimanche, les cols à manger de la tarte, et tout le monde devait se faire beau et propre pour l'occasion. Chez moi – et mon souvenir démarre précisément et abruptement là –, mon père et ma mère sont déjà à leur toilette et ils m'appellent de la salle de bains. Je n'ai pas le souvenir de la voix, mais pourtant j'entends l'appel « viens faire ta toilette ». Les mots mais pas la voix, c'est curieux.

Moi, je suis dans mon lit, je flâne. Dans cette nouvelle maison j'ai droit à ma chambre à moi. Elle est toute petite, étroite. Le lit, contre le mur, tête opposée à la fenêtre, n'est pas très éloigné de la porte et je vois le palier sur lequel donne la salle de bains. Je suppose que cette chambre aurait dû devenir aussi celle de ma petite sœur, mais pour l'heure, à cinq mois, elle dormait dans un berceau en osier dans la chambre de mes parents, à côté de leur lit, de l'autre côté du palier.

Je suis couchée sur le ventre, à demi sous les couverture et appuyée sur les coudes je lis une bande dessinée avec des cow-boys et des indiens. C'est une lecture assez peu typiquement « fillette », mais c'était cela, je m'en souviens précisément. Une de ces bandes dessinées bon marché, aux dessins noir et blanc sur papier ordinaire un peu jaune, avec des petits bouts de bois écrasés dedans. Elle était posée sur mon oreiller devant moi et j'étais plongée dans sa lecture. Je trouvais les cow-boys horribles et j'adorais les indiens aux longs cheveux noirs et luisants, magnifiques. Je rêvais beaucoup d'être une indienne ou même un indien.

Je me suis souvent demandé, avec la vision si précise de cette bande dessinée, d'où me venait cette fascination bizarre... Je viens tout juste d'en retrouver l'origine. Elle me venait de mon jeune oncle Claude, évidemment, frère de ma mère, qui lui-même amoureux des indiens me saucissonnait au lasso et s'entraînait au tir à l'arc – garez-vous les poules ! – dans la cour de cette maison du Robec où nous vivions encore tous ensemble quelques mois auparavant. Je l'admirais beaucoup, ce jeune oncle, et il avait dû me léguer sa passion et quelques-unes de ses bandes dessinées que j'avais emportées dans la nouvelle maison.

Couchée dans mon lit ce matin-là je rêvais donc de chevauchées dans la grande prairie sans aucune envie de me lever. « Anny, viens faire ta toilette, à la fin ! »

Je répondais mollement « oui, oui », la tête ailleurs, sans aucune velléité d'effort pour sortir de mon lit. Lourde, lourde...

Il y eut, avec de longs intervalles, plusieurs appels – au moins quatre ou cinq – dont un dernier assez impatienté de la part de ma mère, je crois, qui me rappelait ce déjeuner chez ma marraine. Les mots, toujours, mais pas la voix. C'est ce qui s'efface en premier, paraît-il, la voix. Moi je n'ai pas fait dans le détail, c'est le tout qui s'est effacé. Sauf ce matin-là...

Je rêvais, et rien je crois ne m'aurait fait bouger.

Puis le sommeil me gagna et je n'entendis plus les appels. Ou bien il n'y eut soudainement plus d'appels et le silence laissant le champ libre à mes rêves j'y plongeai tout entière. Je ne sais. En tout cas plus rien, la torpeur, l'absence.

C'est trop facile peut-être, quand on sait ce qui s'est passé après, de qualifier de prescience cette inertie, de se dire que j'avais senti qu'il ne fallait pas que je sorte de ce lit, qu'il ne fallait pas que j'aille dans cette salle de bains, pas ce matin-là. Trop facile mais tentant quand on se souvient d'avoir été si lourdement collée à ce lit sans en sortir une jambe ni un bras, si lourde, si obstinément sourde aux appels, puis d'avoir été happée par ce sommeil irrésistible, de ces sommeils du matin où l'on est englué à la frange du rêve et de la réalité. Bien sûr, la perspective d'une grande réunion familiale jette rarement les enfants frétillants hors de leur lit, mais tout de même, une si lourde torpeur... Enfin quoi qu'il en soit, innocente paresse ou secrète injonction qui me clouait là, je n'ai pas bougé et je me suis rendormie.

Combien de temps ? Je ne peux pas le savoir, évidemment. Mais d'un sommeil assez léger tout de même pour me laisser percevoir un son insolite : un ronflement.

Ou plutôt une sorte de ronflement long, pincé dans l'aigu, qui s'arrêtait un court moment puis reprenait, long, long. Malheureusement pour lui, pour eux, mon père ronflait en temps ordinaire, et j'avais donc l'habitude de l'entendre, ayant partagé leur chambre pendant huit ans. Ce détail seul, peut-être, décida de leur sort.

Mais tout de même, tout de même, le son était inhabituel. J'ai songé : « Tiens, papa ronfle bizarrement ce matin... » Mais je ne me suis pas réveillée.

Puis comme cela continuait, ces ronflements aigus APRÈS qu'ils m'avaient demandé avec tant d'insistance de venir faire ma toilette avec eux me parurent étranges. Et j'ai pensé – je m'en souviens – j'ai pensé : « C'est curieux, ils ont dû se rendormir aussi... »

Mais je ne me suis pas réveillée. Non, je ne me suis pas réveillée, pas tout à fait. J'ai replongé dans mes rêves, plus réels à ce moment-là que ma propre vie.

Plus tard, je tournais souvent dans ma tête à propos de cet instant. J'entendais encore l'écho de ces ronflements insolites qui auraient DÛ me réveiller, et je me pris de révolte contre cette petite fille douillettement enfoncée dans ses oreillers alors que ses parents manquaient d'air à quelques mètres et qu'elle les entendait.

Bon, je ne voulais pas faire ma toilette et je m'étais rendormie, quoi de plus innocemment naturel un dimanche...

Aux heures cyniques, plus tard, je dirai que je devais ma vie sauve à la désobéissance. Si l'on croit au destin on peut dire aussi que ce n'était pas MON heure... Mais il faut croire alors que c'était vraiment la leur pour que le destin en question me laisse si mollement inerte sans que j'aie le sursaut d'inquiétude, le petit éclair de conscience qui les eût peut-être sauvés.

Bien sûr, je ne savais pas. J'avais huit ans. Je ne pouvais pas savoir que les gens qui s'asphyxient font ce bruit-là...

Puis cela s'arrêta. Il n'y eut plus de bruit. Et rien ne troublant plus mes rêves, je me rendormis tout à fait.

Quand je m'éveillai – au bout de combien de temps ? – c'était le silence.

J'ai écouté un moment le silence.

Je me rappelais le déjeuner chez ma marraine, ma toilette pas faite. Aucun nouvel appel ne m'était parvenu pour venir dans la salle de bains.

Puis je me souvins des ronflements bizarres – ils avaient vraiment dû se rendormir aussi...

J'allai directement à leur chambre, de l'autre côté du palier, certaine de les trouver au lit. Le lit était vide. A côté du lit ma petite sœur gigotait gentiment dans son berceau, yeux grands ouverts, sans pleurer. Le silence...

Ils devaient être en bas. Ou peut-être encore dans la salle de bains dont la porte était fermée – pourquoi était-elle fermée ? Ils ne la fermaient pas habituellement, je devais faire ma toilette avec eux... De toute manière j'avais envie de faire pipi, j'y allai.

Je ne pus ouvrir la porte, elle était bloquée. Non pas fermée à clé ou au verrou car elle bougeait d'un ou deux centimètres, mais quelque chose résistait et m'empêchait de l'ouvrir. Je n'insistai pas.

Ce n'est pas là que ça m'a prise. Non, pas tout de suite. J'étais dans le simple étonnement de ce silence, sans réelle inquiétude. Ils devaient avoir changé d'avis, décidé de partir plus tard en me laissant dormir. Je n'appelai pas, et certaine encore de les trouver en bas en train de prendre leur petit déjeuner, je descendis l'escalier.

En bas aussi était le silence. Et personne ni dans la cuisine ni dans la salle de séjour, le tour de cette petite maison était vite fait.

Personne non plus dans le jardin nu dont la grille était fermée. Debout sur le balcon je le regardai, vide, mon étonnement monté d'un cran. Ils ne seraient pas partis sans moi tout de même... J'appelai, une fois, au cas où ils auraient été faire quelque chose dans la remise, sous le balcon. Personne ne répondant je n'y allai pas et rentrai dans la maison.

L'angoisse commençait à monter en moi et j'appelai plusieurs fois, en vain. Silence. Je ne suis pas restée longtemps en bas, j'ai remonté l'escalier très vite et je suis arrivée sur le palier devant la porte de la salle de bains.

C'est là que ça m'a prise.

D'un seul coup. Le froid, la peur. La certitude qu'il était inutile de chercher ailleurs, que c'était cette porte qu'il fallait que j'ouvre. Que c'était LÀ.

Dès cette seconde, avant même de la pousser, j'étais DANS la catastrophe. Je me revois devant cette porte, glacée, avec cette certitude.

Dans un film, à ce moment-là, on mettrait sur l'image de l'enfant devant la porte fermée une petite musique rythmée et sourde de battements de cœur – mes battements de cœur je les entends encore, et le bruit de papier froissé du sang aux oreilles. Il n'y avait plus de silence, mon angoisse l'avait rempli. C'était plein et lourd. J'étais DEDANS.

J'ai poussé de toutes mes forces, plusieurs fois. A la troisième ou quatrième poussée « cela » a cédé et la porte s'est à demi ouverte. La jambe de ma mère qui la bloquait s'est affalée sur le carrelage avec un petit bruit mat. Je vois sa jambe nue par terre. Sa jambe et un coin de la douche, et le lavabo plus loin, et une partie du corps de mon père inerte.

J'ai dû enjamber ma mère pour entrer. Mon père était étendu de tout son long, la face contre terre, au fond de la pièce, la tête presque sous le lavabo. Entre le lavabo et la porte, à gauche en entrant, il y avait la douche et ma mère était assise sur le bord du bac, la tête et le corps appuyés au mur, tout contre le chambranle de la porte. Elle avait les cheveux dans la figure. Ses jambes qui devaient être repliées contre la porte s'étaient allongées de biais par terre lorsque je l'avais poussée, mais elle n'était pas tombée en arrière, elle était restée assise, telle quelle.

On en déduira par la suite que mon père avait dû tomber le premier et que l'oxyde de carbone étant plus lourd que l'air ma mère se penchant sur lui près du sol avait été saisie de malaise à son tour. Elle aurait alors tenté d'atteindre la porte, peut-être en rampant, et l'ayant atteinte sans avoir la force de l'ouvrir elle était restée là, tout contre elle.

Je me souviens aussi très précisément de l'odeur particulière de cette salle de bains. Pas ce matin-là, où elle n'avait rien de plus spécial que les autres jours, mais cette pièce sentait la plomberie neuve, un mélange de métal, de relents de peinture fraîche mêlés à l'odeur doucereuse du chauffe-eau au gaz. Une odeur unique qui m'est restée.

Cette odeur particulière je ne l'ai retrouvée qu'une seule fois, des années après, dans une autre salle de bains, chez des gens chez qui je passais une soirée.

Je n'ai pas fui, je n'ai rien éprouvé de très violent, juste un tout petit choc – les images... C'était elle, exactement. Je ne l'ai plus jamais rencontrée depuis.

Après cette vision si précise d'eux inanimés dans la salle de bains, j'ai un trou. Je veux dire que je ne sais pas ce que j'ai fait. C'est très chaotique, brouillé. J'étais trop dans ce qui arrivait, si entièrement à l'intérieur du sentiment de catastrophe que je ne vois plus. Je n'ai plus d'images mais plutôt des souvenirs de gestes, de sensations physiques en les faisant, mais sans pouvoir dire dans quel ordre je les ai faits.

Dans le désordre, je sais que j'ai été longuement geindre à côté du berceau et que ma petite sœur était toujours calme et ne pleurait pas. Je me souviens de cela, le contraste entre elle et moi, ce bébé qui me regardait, peut-être surpris de m'entendre faire les bruits qu'il faisait lui-même habituellement. Je suis retournée dans la salle de bains pour tenter de les secouer, puis je suis descendue au rez-de-chaussée et j'ai l'impression que j'ai erré longtemps dans la maison en pleurant – combien de temps ? Deux minutes ? Dix ? Vingt ? Je crois que je tenais à peine sur mes jambes, je me souviens d'avoir heurté une chaise en bougeant. J'ai fini par atterrir sur le balcon et rester là, glacée, à trembler et à pleurer agrippée à la rambarde avec le froid du métal dans les mains.

J'ai essayé d'appeler je suppose, mais aucun son ne sortait. J'ai quand même dû réussir à faire assez de bruit pour alerter ma petite voisine – à moins qu'elle ne soit sortie jouer dehors à ce moment-là, car je crois me souvenir qu'elle avait un manteau sur le dos. Elle restait sur place, de l'autre côté du petit muret, à me regarder hoqueter sur le balcon, stupéfaite. « Qu'est-ce que tu as ? » Je ne pouvais pas répondre. Elle me regardait. « Mais qu'est-ce que tu as ?... Qu'est-ce qui t'arrive ? »

Je ne sais pas si je suis finalement parvenue à articuler quelque chose, mais elle a fini par rentrer chez elle et appeler son père qui est sorti à son tour.

Il m'a questionnée, lui aussi, et j'ai pu lui faire comprendre qu'il s'agissait de mes parents. Il est passé par la rue pour venir chez nous, et la grille du jardin étant fermée à clé il l'a escaladée.

Puis je l'ai conduit là-haut, nous avons monté l'escalier et il a vu.

La suite est très rapide, très brutale. Je vois les choses à nouveau clairement, comme si j'y étais encore.

J'étais restée sur le palier. Il est entré en enjambant ma mère, s'est penché rapidement sur elle puis sur mon père et il a immédiatement ouvert la fenêtre. Il était en bleu de travail, sans doute bricolait-il dans sa maison en ce dimanche matin. Ses gestes étaient rapides, quoique avec la lourdeur paysanne des gens habitués aux travaux manuels. Vision incongrue et choquante de cet homme tout habillé, debout et bougeant vivement, contrastant avec mes parents nus et immobiles par terre. Ses mouvements, sa présence emplissaient toute la pièce. La petite fenêtre était placée haut sur le mur, contre le plafond. Il a posé son pied gauche sur le lavabo en s'accrochant au rebord de la fenêtre pour se hisser jusqu'à elle. Je vois son pied chaussé d'une sorte de brodequin lacé marron à semelle épaisse sur le bord du lavabo blanc. Sa chaussure sur le lavabo et cette silhouette habillée au-dessus de mon père étendu et nu. Il a encastré ses épaules de biais dans la fenêtre pour passer la tête à l'extérieur, et il a crié.

Ce cri...

Il a brisé d'un coup le silence dans lequel je me débattais, cristallisé ce brouillard de malheur flou qui me faisait me cogner aux murs, dans lequel je me noyais. Cette voix éclatant soudain, retentissant dans la petite salle de bains, dans la maison, emplissant toute la rue, je l'entends encore. J'en garde la sensation brutale, le choc, comme un jet d'eau glacée au visage en plein sommeil, qui vous commotionne. Elle a stoppé net mes pleurs. Cette voix hurla « A l'aide ! Au secours ! » plusieurs fois. Puis : « Appelez les secours ! M. et Mme Legras sont asphyxiés ! »

Je ne crois pas que je savais précisément ce que ça voulait dire. Sans doute pas. Mais ce mot hurlé, « asphyxié », même s'il m'était inconnu, était une définition de ce qui arrivait. Il est tombé comme un mur entre moi et les corps de mes parents qui, dès cet instant, ne m'appartenaient plus. Ce n'était plus mon père et ma mère endormis, c'était M. et Mme Legras asphyxiés.

J'étais froide et immobile sur le palier, plus tout à fait dans l'événement et pas encore dans l'après. Peut-être le voisin m'a-t-il interrogée. Je ne sais plus. Tout allait très vite depuis qu'il avait fait éclater le silence.

Deux autres hommes alertés par lui dans la rue escaladèrent la grille à leur tour et montèrent le rejoindre. Clouée sur place je regardais. Ils sortirent mes parents de la salle de bains pour les porter sur le lit, dans leur chambre. Ma mère d'abord. Je vis son corps inerte et bringuebalé passer devant moi, tenu par les aisselles et les jarrets. Un instant ils posèrent son dos à terre juste devant mes pieds. Elle leur glissait entre les mains. Puis ce fut le tour de mon père, et l'un des hommes, en plein effort dit : « Bon Dieu, qu'ils sont lourds. »

Puis tout alla très vite encore. Le voisin prit le berceau avec le bébé dedans et m'emmena chez lui, hébétée.

Je ne garde aucune vision de cette maison voisine où l'on m'a accueillie – d'instinct et injustement je dirais plutôt « retenue », car j'étais entièrement tendue vers l'extérieur et l'on devait faire de grands efforts pour me tenir à l'écart de ce qui se passait et me faire rester là à tout prix. J'ai seulement un vague souvenir de préparatifs de biberons sans doute glanés dans notre maison.

J'étais assise dans la cuisine à côté du berceau, accrochée à lui. On avait beau faire j'étais seule, une bulle de solitude autour de moi et du bébé, et un seul point fixe qui m'attirait : la fenêtre et ce qui se passait dehors. On ne pouvait pas me toucher, je n'entendais rien. La cuisine de cette maison était identique à la nôtre, surélevée et donnant sur la rue, et je voyais très bien au-dessus des murets qui bornaient les jardins les camions, les gyrophares, et tout ce monde amassé devant la grille qu'on avait démontée pour laisser passer les secours, car on n'avait pu dénicher la clé.

Et je voyais tout ça de loin. Tout cet affolement, tous ces gens dehors, des voisins, des badauds, des curieux. Ce dimanche-là, le malheur était pour les autres et on allait les plaindre.

L'attention des voisins a dû se relâcher un moment car je me suis échappée pour retourner là-bas.

Il y avait un tel monde dans la rue que j'ai eu du mal à me frayer un chemin sur le trottoir. Puis j'ai traversé le jardin et je suis entrée dans la maison sans que personne n'y prenne garde.

Des gens allaient et venaient dans l'escalier étroit, et j'ai dû me coller au mur un instant pour laisser passer un homme qui descendait en courant.

Beaucoup de monde aussi bloquait la porte de la chambre, mais j'ai réussi à me faufiler entre les jambes et je suis restée là, tout au fond de la pièce, entre la porte et la fenêtre. Il fallait que je vienne, que je voie ce qui se passait.

Je ne peux pas dire les sentiments qui m'habitaient, je suis incapable de les décrire. D'ailleurs je ne crois pas qu'on puisse parler de sentiments pour un moment comme celui-là – les sentiments, c'est pour après. Je ne m'appartenais pas. J'étais embarquée, livrée, emplie du vide de l'indicible, au centre de l'explosion, et toute petite dans mon coin je regardais, j'écoutais, je recevais, j'absorbais des images et des mots qui entraient en moi pour y rester gravés.

Ils étaient toujours étendus nus sur le lit. Je pense – en fait j'y pense seulement maintenant – qu'on avait dû les transporter entre-temps dans le camion de réanimation puis les ramener dans la chambre, les efforts des sauveteurs ayant été sans résultat, car il n'y avait près d'eux ni appareils ni masques à oxygène, rien du tout, et ces hommes debout tout autour du lit ne les touchaient pas.

Toujours ce contraste choquant entre ces gens debout, habillés et bougeant et eux si blancs, si faibles, allongés et inertes. On comprend, je pense, qu'il n'est pas question de pudeur, mais du choc douloureux de voir étendus là sans défense les deux piliers de ma vie, mon père et ma mère si forts, si grands, devenus d'un coup plus faibles et plus petits que moi. Leur faiblesse, leur absence mise en valeur par la présence vivante, sonore et verticale de ces gens qui les entouraient. Ce n'est pas ceux-là que j'aurais voulu voir debout...

Ils étaient sur leur lit à peu près dans la même position que lorsque le voisin m'avait emmenée. Mon père était toujours étendu à la droite du lit, du côté de la porte, les bras le long du corps. Ma mère près de lui avait la jambe droite légèrement repliée et le visage tourné de l'autre côté, vers le mur, et je ne voyais pas son visage ou très peu. De toute façon je n'ai jamais vraiment vu son visage ce matin-là, ni dans la salle de bains, où penchée en avant, le corps et la tête appuyés au mur, elle avait les cheveux dans la figure, ni après quand on la transportait en la tenant par les aisselles, le menton sur la poitrine et les cheveux me la masquant encore, ni là, sur le lit, profil fuyant vers le mur du fond.

Le visage de mon père, lui, était offert. Il était serein, comme endormi – ô combien profondément.

Cette image-là est le symbole parfait de ce qui me reste de l'un et de l'autre. Mon père « lisible » dont je peux, en rassemblant les quelques informations que j'ai sur lui et en regardant ses photos, imaginer les goûts, le caractère, même vaguement, c'est toujours ça, et ma mère qui m'échappe, profil détourné de ma mère-mystère que je n'arrive pas à saisir, à décrypter, sur laquelle mon imagination même glisse.

Ils étaient là, donc, là et absents, immobiles et lumineux dans leur peau blanche, et je les voyais. Je les vois.

D'avant, quand ils étaient en vie, en vie et AVEC moi, il ne me reste que des images noires et blanches figées sur papier glacé. Je viens tout juste de réaliser – et c'est tout de même d'une grande dérision – que cette vision de leurs corps allongés sur leur lit de mort est la seule image directement « vivante » que je garde d'eux.

Elle reste gravée en moi telle que je la reçus, avec ma taille d'enfant, car je les vois sur le lit très légèrement au-dessous de moi tandis que les gens qui les entouraient me semblent presque toucher le plafond, immenses. Personne ne m'avait vue. Je regardais. Et j'écoutais aussi.

Est-ce là que j'appris que quelques minutes plus tôt on aurait pu les sauver ?

Ou bien l'ai-je entendu plus tard, au cours de conversations familiales ?

Je crois plutôt que je reçus cette information-là dans la chambre, et que ce que j'entendis par la suite l'a simplement confirmée, précisée, car j'entends encore un homme qui était tout à côté du lit, habillé de sombre, près de ma mère, dire : « C'est trop bête, à cinq minutes, dix minutes près on aurait pu les avoir. » Je me souviens précisément de ce terme « les avoir ».

A ce moment-là, ces paroles avaient sans doute le même poids que les autres, comme un fond sonore à ma sensation physique du malheur. Ce n'est que plus tard que je comprendrai à quel point elles m'avaient frappée – de tout ce que j'ai entendu là, c'est la seule chose dont je me souvienne. Plus tard, bien sûr...

Quelqu'un s'avisa tout à coup de ma présence silencieuse et cria : « Bon Dieu, la petite ! »

Je sais que je me suis précipitée sur le lit, sur eux, que je me suis débattue, mais qu'ils m'ont saisie et emmenée de force hors de la chambre.

Je les comprends. Ils voulaient m'épargner, et aussi s'épargner eux-mêmes. On ne peut pas faire autrement, il faut que cela soit, il faut arracher. Une enfant hurlante accrochée au corps de ses parents, agrippant désespérément ce qu'elle pouvait d'eux, devait être une vision bien pénible.

Je les vois encore, dans le mouvement, disparaître derrière le mur du palier tandis que l'on m'emportait. Le lit qui s'éloigne, un ventre, une cuisse, un pied nu et c'est fini.

Je ne les verrai plus jamais.

Le film dans la tête

C'est fini.

Le film si précis dans ma tête de ce matin-là se termine ici, à un pied disparu derrière un mur. *Cut*. Noir total. Cette comparaison avec un film peut sembler une maniaquerie professionnelle, mais c'est la plus juste et la plus évocatrice que je puisse trouver.

Avant il n'y a rien, l'écran vide, le brouillard. Quelques vagues impressions de lieux, tels ce quartier du Robec et la maison où nous vivions avant de déménager, décors flous et sans vie puisque je ne me souviens ni des visages ni des événements. Un bout de rue, un coin de maison apparaissent vaguement, lointains, brouillés, à peine imprimés puis disparaissent. Et le noir. Le noir. Un noir de huit ans et demi.

Puis, tout à fait abruptement, sans transition ni rien qui l'annonce, comme une séquence insérée dans un film vierge, surgit ma chambre dans la nouvelle maison, la bande dessinée sur mon oreiller, les appels, la disposition précise des pièces, enfin tout ce que je viens de raconter. Puis une coupure d'image quand je quitte la maison un moment pour celle du voisin.

Puis brutalement de nouveau la rue, les gens qui m'empêchaient de passer, l'escalier... jusqu'à l'image de leurs corps que je vois disparaître derrière le mur du couloir dans un rapide mouvement de recul, tout à fait comme si mon œil avait été une caméra emportée par un travelling arrière.

Et noir. L'écran est vide à nouveau, tout à fait vide pour quelques mois encore, voire quelques années. Quelques faits qui m'ont marquée surnagent dans cette période qui suivit leur mort, mais n'entraînent aucune vision précise. Rien de comparable à ces images brutes, immuables, PHOTOGRAPHIÉES en moi.

C'est une impression étrange de ne garder des dix premières années de sa vie qu'un petit film dans la tête, un tout petit film cruel qui passe et repasse – et comment faire autrement quand c'est la seule chose qui reste, la seule séquence imprimée ?

Ce qui s'est passé avant je l'ai mis en place grâce aux informations que j'ai reçues de mon entourage, mais ce ne sont pas des images. J'ai reconstitué petit à petit l'enchaînement des faits qui ont abouti à la séquence du matin, et essayant de comprendre, de reconstituer le scénario de leur mort, je suis toujours restée pétrifiée d'impuissance et d'incompréhension – je le suis encore – devant l'obstination du sort à les abattre dans cette salle de bains, ce matin-là.

Sort, destin, ces mots me déplaisent. Mais quel nom donner à l'enchaînement des hasards, des détails, des petits faits apparemment anodins mais qui, mis bout à bout, semblent animés de la sourde volonté d'aboutir à la catastrophe ? Dix fois, vingt fois ils auraient pu être sauvés. Il suffisait d'un rien pour que cela ne soit pas. Et cela a été, dirait-on inéluctablement.

Leur mort semble foudroyante et ces deux personnes fauchées d'un coup, par surprise. En vérité, revoyant ce qui s'est passé depuis leur arrivée dans cette maison – et avant, peut-être ? D'où est partie la racine de l'événement ? – leur mort est déjà présente. J'aimerais résister au piège de la personnalisation factice, mais on a envie, vraiment, de dire qu'elle était là, qu'elle attendait, et que patiemment, obstinément, elle a assuré son coup.

Une salle de bains mal agencée, trop petite pour le chauffe-eau au gaz, trop puissant.

Avertissements : deux personnes de la famille prenant une douche chez nous à quelques semaines d'intervalle sont saisies de malaise. On n'ignore pas alors qu'il y a danger et l'on demande à un plombier du voisinage de venir poser le système d'aération manquant.

C'est la belle saison, il fait doux, les fenêtres sont ouvertes et le temps passe. Il passe pour eux, oublieux du problème, et pour le plombier qui passe chaque jour devant la maison, oubliant lui-même ou n'ayant jamais le temps de faire ce petit travail.

Un procès fut fait par la suite à cet homme pour faute professionnelle. Il fut sans doute conseillé par l'avocat à ma famille de m'y emmener, car j'en garde le vague souvenir d'un homme discourant interminablement d'une voix forte sur le sujet, et j'ai un flash, tout à fait précis, d'un bras tendu vers moi pour me désigner, avec ces mots qui m'ont frappée : « ... Résultat : deux orphelines. » Je me souviens très bien de ces mots et du geste théâtral qui les accompagnait.

Je ne sais si cet homme accusé de la responsabilité de leur mort est encore en vie, c'est peu probable. Je pense maintenant au poids terrible qu'on a fait peser sur ses épaules. Je suppose qu'il dut moralement en souffrir. Je n'ai jamais cherché à le faire, occupée que j'étais à fuir ma propre souffrance, mais j'aurais dû lui faire savoir que jamais je n'eus de ressentiment à son égard. Il n'est pas plus responsable de ce qui est arrivé que moi qui ne me suis pas réveillée ou qu'eux-mêmes pour avoir négligé le danger qu'ils connaissaient.

Puis il se met à faire froid en ce début novembre et on ferme la fenêtre. Mais pourquoi donc fermer aussi la porte dans une maison où ils étaient seuls avec leurs enfants, alors que peu de temps avant ils réclamaient ma présence dans la salle de bains à leurs côtés ? Pour avoir plus chaud ? Pour ne pas me déranger, s'étant aperçus que je m'étais rendormie ?

Ensuite tout paraît se précipiter mais la chose est lente, lente à se faire, à devenir irréversible.

Ma mère a failli atteindre la porte, elle l'a atteinte, elle était contre la porte, son bras s'est sans doute levé pour l'ouvrir sans qu'elle ait la force d'achever son geste. Et moi qui me réveille à moitié, qui ai failli me réveiller, qui les entends et irrésistiblement me rendors.

Moi aussi qui une fois debout dans le silence cherche dans toute la maison avant d'ouvrir cette fameuse porte – si sort acharné il y a c'est malheureusement moi qui en suis le principal instrument à partir de ce moment – et l'ayant enfin ouverte tourne et retourne en pleurant. Combien de temps perdu à errer dans la maison ? Et sur le balcon à tenter d'appeler en vain ? Et la petite camarade qui s'obstine à demander ce que j'ai sans courir immédiatement chercher son père. Et jusqu'à cette grille bêtement fermée qui fait obstacle. Pour aboutir à cette constatation : « A cinq minutes près... »

Tout cela aussi c'est comme un film, un film cruel à se repasser dans la tête des mois et des années après. Un film dont on connaît la fin immuable et où l'on voit les protagonistes innocents aller à leur perte sans que rien ne puisse jamais, à jamais, modifier le déroulement de l'histoire.

On le revoit encore, et encore, et l'on a envie de crier au plombier : « Arrête-toi ! », de le tirer par la manche vers la salle de bains. On voudrait les empêcher, eux, de fermer la fenêtre, puis la porte. Crier aussi à la femme qui va abandonner : « Courage ! Un petit effort, un tout petit effort, dix centimètres encore et tu ouvres la porte », et secouer la gamine endormie, lui hurler aux oreilles : « Non, ce n'est pas normal que ton père ronfle à cette heure ! Réveille-toi ! », l'empêcher de descendre après, la pousser tout de suite vers la porte, donner de l'air vite, l'empêcher de se perdre ensuite, la secouer pour stopper sa crise de nerfs, donner un coup de pied aux fesses de la petite voisine plantée au milieu de son jardin à répéter inlassablement : « Mais qu'est-ce qu'il y a... Qu'est-ce que tu as... Qu'est-ce qu'il y a... », vas-y, cours, le temps se perd, le temps se perd et pendant tout ce temps perdu ils sont encore vivants.

Et puis non. C'est long, c'est lourd, c'est lent. Et tout à coup c'est trop tard. C'est fini. Il n'y a plus qu'à emmener la petite hors de la chambre, elle peut crier tant qu'elle peut, tout est dit.

La séquence est imprimée, définitivement.

Les enfants sont charmants

Le plombier n'était pas responsable de ce qui est arrivé ce matin-là, pas plus qu'eux, pas plus que moi… « Pas plus que moi », ai-je dit.

Est-ce bien sûr ? Suis-je bien certaine de ne pas me mentir en affirmant cela ?

Je ne sais pas. Non, je ne sais pas – c'est dans mes « je ne sais pas » que je devrais chercher l'après de ce livre – dans quelle mesure je me suis sentie coupable de mon inertie, de les avoir entendus sans me réveiller vraiment, puis d'avoir erré ce temps indéfini. Dans quelle mesure, pour dire vraiment les choses, je me suis sentie coupable de leur mort.

Là résident peut-être ma plus violente autodéfense, le nœud de ma vie, et l'explication d'une fuite si éperdue hors de mon enfance. Le temps n'est pas venu – pas encore – de le savoir. De m'absoudre. Ou pas.

Mais si je m'étais sentie tout à fait innocente, si clairement innocente que je l'affirme, aurais-je gardé en mémoire, petit souvenir fulgurant et piquant comme une flèche, un mot que je reçus plus tard, bien plus tard dans une cour d'école, et qui resta fiché en moi ?

Je suppose qu'après l'accident j'avais dû parler, raconter ce qui s'était passé et que le fait divers fut relaté dans la presse avec assez de détails ainsi que le rôle que j'y avais tenu, car il m'en revint ceci, des années après.

J'avais environ douze ans, j'étais au lycée. Nous étions trois ou quatre filles ensemble dans un coin de la cour, pendant la récréation. Je nous revois, nous portions des blouses roses. Nous discutions – je ne sais plus de quoi, ni même si cela se rapportait à ce sujet-là – quand l'une de mes camarades me demanda soudain à brûle-pourpoint (ou bien le choc de la question me laissa cette impression) : « Dis, c'est vrai que tu as laissé mourir tes parents ? »

Je ne sais plus ce que j'ai dit, comment je me suis défendue et si même je me suis défendue.

Je lui demandai qui lui avait dit ça.

« Mes parents. »

Ainsi je sus que quelque part, malgré les huit ans que j'avais lorsque c'était arrivé, dans une maison que je ne connaissais pas, par des gens qui ne me connaissaient pas, j'avais été jugée.

Le petit souvenir cruel

Petit souvenir cruel. Peut-être celui qui me fit le plus mal, quand il me revint par la suite. Le seul où ma mère est présente – présente et invisible. Juste une voix abstraite.

Nous nous promenions dans Rouen. Je sais que c'était elle, mais je ne la vois pas, bien sûr. A peine la sensation d'un pan de manteau bougeant à la hauteur de mes yeux de petite fille. Je vois un trottoir assez large, les grilles d'un square un peu plus loin. Je pourrais reconnaître l'endroit.

Tout à coup passent devant nous sur le trottoir un groupe d'enfants en rangs par deux. Ils étaient tous habillés de bleu marine, encadrés par des religieuses. Je trouvais leurs manteaux à larges plis et à col blanc très jolis. Ils entrèrent joyeusement tous ensemble dans le square. A la question que je lui posai, ma mère répondit : « Ce sont des orphelines. »

Le mot me parut curieux, je ne le connaissais pas. Sans doute m'expliqua-t-elle ce qu'il signifiait, mais sur le moment je n'en retins rien. La définition de ce nom bizarre ne m'intéressait pas, j'étais fascinée par les jolis uniformes, par ces enfants en groupe qui bavardaient ensemble, chahutaient un peu, comme une armée de sœurs habillées toutes pareil. Tout ceci paraissait enviable à l'enfant unique que j'étais encore et dont les jeux de petite fille étaient solitaires à la maison.

Le mot, très doux, chantait à mes oreilles. « Orphelines… Orphelines… » De ce que ma mère m'avait dit sur elles je n'avais entendu qu'une chose : elles vivaient tout le temps ensemble. Je les vis disparaître en courant au détour d'une allée du square. Je m'éloignai à regret, je me sentais seule, toute seule avec ma maman. J'ai pensé – et comme une pensée d'enfant innocente et bête peut vous tordre le cœur des années plus tard : « Elles ont de la chance… J'aimerais bien être orpheline. »

Première et dernière lettre à ma mère

Maman,

Je te demande pardon.

Je t'ai ignorée. Je ne te connaissais pas et pour un peu je t'aurais reniée, car je ne me trouvais aucune ressemblance avec toi.

Pardon.

Je sais ton histoire, maintenant.

Un pas m'a suffi pour cela. Un seul pas vers le passé et ceux de ta famille que je n'avais pas revus depuis trente ans. Tout au fond de moi sans doute je la savais – on voit tout, on comprend tout à neuf ans –, mais je n'en voulais pas, je l'ai rejetée derrière mon voile noir.

Ton histoire, ta petite histoire qui s'est si mal terminée, est pareille à celle de tant de femmes – qu'il est court, n'est-ce pas, le temps de tous les chemins ouverts devant soi, de la force à revendre et des rêves plein la tête, à vingt ans, avant que l'amour, la nature et le poids de la famille ne vous dictent un rôle écrit d'avance…

Et le joyeux amant, rencontré au travail, sur le même terrain, avec qui l'on marchait du même libre pas, continue son chemin, léger, tandis qu'un enfant, déjà, t'alourdit et t'entrave. Il s'épanouit, va de l'avant, tandis que le clan te tire en arrière.

Ça va bien, un temps. Puis quelques années encore et l'on quitte le travail, on reste à la maison, on ne suit plus. On se referme sur ses rêves trahis, on grossit un peu, on s'enlise dans le tricot…

Et lui, lui avec son art, sa liberté et sa force, commence à avoir du succès. Il va.

Et voilà qu'un deuxième enfant arrive et tout se précipite.

Il faut quitter la lionne, ma grand-mère, qui savait si bien, sans doute trop bien s'attacher ses filles, et partir de la chaude tanière trop exiguë avec le poids des deux enfants, la vie domestique à assumer toute seule, dans une maison qu'il avait choisie, lui, et que tu n'aimais pas...

Tu n'aimais pas cette maison trop neuve, trop vide.

J'ai la réponse.

La source du hiatus, de l'erreur fatale.

Le virage vers la catastrophe.

Et dans cette maison, tu sombrais...

Et voilà pulvérisée l'image fausse cultivée depuis mes neuf ans d'une mère épanouie, forte et gaie. Un mirage de mère que je voulais idylliquement heureuse.

On ne m'a rien appris.

On m'a simplement confirmé ce que j'avais commencé à deviner, ou plutôt ce que j'acceptais enfin de voir, en regardant tes yeux sur les photos de mon père. Tes yeux pareils aux miens quand je ne les cache pas. Je pouvais toujours te chercher ailleurs qu'en moi-même...

Je te demande pardon. Tu es bien ma mère.

Après t'avoir enfin reconnue, pourrai-je commencer à t'aimer telle que tu étais, trente-cinq ans après ta mort ?

Mais puisqu'il a fallu savoir et que maintenant je sais que tu n'arrivais pas à être heureuse, petite fille, toi aussi, qui n'avais pas su grandir, que tu étais derrière ton sourire tremblante et douloureuse, incertaine, silencieuse, dépressive, comme on dit maintenant, atteinte de cette mortelle mélancolie qui largue les amarres malgré tout, malgré les enfants, malgré le compagnon, maintenant que je sais tout cela je ne peux m'empêcher de penser que c'est peut-être toi, c'est sans doute toi qui négligeas le danger, qui ne rappelas pas le plombier, qui le laissas passer tous les jours devant la maison sans l'arrêter, cette maison où tu t'ennuyais, selon tes propres paroles, « à mourir »...

Je ne peux m'empêcher de deviner, de savoir – et je le sus sans doute toujours tout au fond de moi, c'est pourquoi je t'ai fuie – que tu as laissé ouverte la brèche à l'accident, au

soulagement, au dénouement, que c'est toi, frileuse comme toutes les mélancoliques, aussi frileuse que moi dès qu'approche l'hiver, qui insistas pour fermer la fenêtre de la salle de bains ce matin-là.

Je le sais maintenant. C'est trop tard, je le sais.

Lui n'avait jamais froid. En témoignent toutes ces photos d'aubes glacées dans lesquelles il s'ébrouait avec plaisir.

Et je ne peux plus ignorer, sachant tout cela, que l'ayant vu tomber et t'étant traînée vers la porte, cette porte qui pouvait laisser entrer l'air et la vie – la vie qui allait reprendre, si lourde pour toi – que sur le point de l'ouvrir tu préféras, par lassitude, ne pas faire l'effort, laisser retomber ta main, laisser faire et dormir, dormir...

Je sais tout cela, maintenant.

Je ne peux pas ne pas le savoir puisque tu étais si collée à cette porte que j'ai dû pousser de toutes mes forces, faire glisser ta jambe sur le carrelage pour l'ouvrir enfin.

C'était un accident. Bien sûr, c'était un accident...

Je ne vais pas jusqu'à dire que tu en as fait une répétition, comme je l'ai fait, moi, l'année de mes treize ans, avant de me laisser glisser sous une voiture. Non.

Mais tout était en place, dans ta tête et dans cette maison, tout s'ordonnait pour que l'accident arrive.

Et il est arrivé.

Et tu as laissé faire.

Et moi aussi, j'ai laissé faire...

Oh ! ma mère, ma pauvre mère peureuse et lasse, ma petite sœur d'angoisse. Ma complice ?

Si tu es là en moi, si c'est bien toi que je reconnais à certaines heures tout au fond de moi, à certaines minutes où je ressentis une indifférence mortelle à glisser hors la vie, si tu m'as vraiment aimée avant de lâcher prise, d'abandonner, fais-toi légère à moi, je t'en prie. Ne m'alourdis pas. Rends-moi plus forte, plus courageuse que tu ne l'as été.

Ne pèse pas trop en moi.

Et si un jour par malheur je suivais ton chemin, que se présente à moi la tentation de laisser faire, d'abandonner, et que j'aie un instant, une seconde, le choix, une porte à ouvrir pour me sauver, un geste à faire pour m'accrocher à la vie, s'il te plaît aide-moi alors à ne pas laisser retomber ma main.

Tu me dois bien cela.

Faire son deuil

J'ai un très cher et vieil ami – disons un ami de longue date car je devine l'œil qu'il fera, se reconnaissant, si j'écris « un très vieil ami »... Orphelin lui aussi, non par le malheur d'une petite histoire domestique, mais par celui de la grande Histoire, celle de la dernière guerre mondiale et des horreurs du nazisme, il suit depuis longtemps, et paternellement, car il a de l'avance sur moi dans l'état d'orphelin, l'évolution de ma douleur.

Nous nous voyons rarement et ne nous oublions jamais. Qu'il soit près ou loin, que les mois ou les années passent, il est là. La main amicale et l'écoute ne me font jamais défaut. Même de loin, même sans paroles, il est là.

Et de temps en temps, comme par hasard – mais il n'est pas de hasards dans une amitié comme celle-ci – juste au moment où il faut, où j'ai besoin de lui, me parvient un petit signe – « Où en es-tu ? »

Il y a plus de vingt ans (amis de très longue date, oui...), je lui disais en riant que lui le Juif et moi la Normande avions un point commun : nos parents étaient tous les quatre morts par le gaz...

Je trouvais ma plaisanterie très drôle, et mon ami avait charitablement laissé échapper un rire, un rire coupé court comme un sanglot.

C'était au temps où je me défendais encore de souffrir par une ironie agressive et amère. Et il ne m'était pas encore apparu que si l'humour est précieux, il faut aussi savoir le perdre sous peine de voir cette qualité devenir une sale manie.

J'ai peu à peu cessé de pratiquer cet humour grinçant à propos de leur mort, quoique parfois des bouffées me reviennent, comme des accès de jeunesse...

Quelque dix ans plus tard, à l'époque où m'avait saisie une passion – que je croyais innocente – pour la photographie et où je développais pendant des heures mes œuvres noires et blanches dans ma salle de bains transformée en laboratoire, il m'apporta, précautionneusement enveloppé, un négatif.

Un seul négatif, ô combien précieux pour lui...

Quelqu'un de sa famille venait de découvrir l'unique trace du visage de ses parents disparus dans les camps de concentration.

Nous avons sorti de son enveloppe le petit bout de gélatine encore non lisible, puis nous avons opéré dans la pudique pénombre de la lampe rouge, et penchés sur le bac de révélateur, sur le petit bout de papier impressionné mais encore blanc flottant dans le liquide, nous avons guetté en silence la lente apparition des deux visages...

Quand j'étais adolescente, au cours d'une réunion de famille où l'on avait décidé de regarder de vieux films tournés par mon grand-père, je vis mes parents tout jeunes, bougeant et riant sur une image muette. Je ne savais pas que j'allais les voir.

Le choc, pour moi, prend la forme d'un froid qui coule dans les veines, la sensation qu'on ressent dans une anesthésie avant de sombrer. Mais on ne sombre pas. On garde la face, on parle, on cache, on bouge « normalement ». On met des mois à s'en remettre.

La photo développée entre ses mains, je regardais mon ami pleurer sur le visage de ses parents, leurs visages non pas rendus mais cruellement inaccessibles, fixés et perdus à jamais.

Les négatifs de mon père étaient encore dans le tiroir de la commode-sarcophage. Je n'avais rien sorti, rien remué. Il n'était pas encore temps.

Je le regardais pleurer et moi je ne pleurais pas encore. Il en était là où j'en suis maintenant.

Et puis les années, et la vie, l'un et l'autre ici ou ailleurs, et l'amitié là. Un dîner annuel, un petit signe – « Ça va ? » « Ça va... »

L'été dernier, quelque temps solitaire pour attaquer ce livre, j'en cherchais à l'aveuglette le sens, la finalité. Après quelques jours d'étouffante impuissance, je ressentis le besoin de l'appeler.

Je me levais de ma chaise pour ce faire quand le téléphone sonna. C'était lui.

Nous ne nous étions pas parlé depuis au moins six mois... Oh ! comme des instants comme ceux-là sont inoubliables, des pluies de printemps, des aubes fraîches, un éclair de lumière dans nos solitudes intérieures !

Il me parla de lui, d'où il en était, lui, dans cette longue, si longue bagarre avec les morts.

Puis il me cita une expression, une expression connue, quelques simples mots dont il venait non pas de découvrir mais de ressentir le sens : Faire son deuil. Faire son deuil...

J'entendis les mots. Je ne les découvrais pas non plus, bien sûr, et j'étais bien loin – oh ! bien loin encore – de les ressentir, comme lui, mais je les entendis pour la première fois.

Il m'avait dit ce qu'il fallait que j'entende, précisément au moment où j'en avais besoin.

Et puis il ajouta que, cinquante ans après leur mort, il pouvait – pas depuis longtemps me précisa-t-il, à peine cinq ou six mois –, il pouvait à présent parler de ses parents sans pleurer...

De nouveau dans le silence jusqu'au prochain signe de fraternité, je méditais les mots.

Faire son deuil.

Accepter...

Puis je repensai à ses dernières paroles, à la fois éclairée et passablement écrasée.

Cinquante ans pour parler d'eux sans pleurer...

Alors quoi ? Encore vingt ans pour moi ?

Faire son deuil…

Je ne sais pas ce que ça veut dire. Pas encore.

Peut-être jamais ?

Je sais bien qu'il ne s'agit pas de renier les morts, ni même de ne plus les regretter, mais se souvenir autrement, porter en soi une douleur pacifiée.

Faire la paix avec la mort.

Pour le moment je rage contre ma souffrance et elle m'est précieuse, infiniment. A l'idée de faire mon deuil me vient une révolte qui me pousse au contraire à la cultiver, comme on porte et réchauffe une perle de peur de la voir se ternir, et mourir.

Mon regret n'est-il pas le complément, depuis si longtemps, de mon désir de vivre ? Douleur et force sont conjointes et se nourrissent l'une de l'autre – ne perdrai-je pas celle-ci en laissant s'émousser celle-là ? Qu'adviendra-t-il après, mon regret assagi, ma douleur mûrie, pacifiée, quand la vie à vivre ne sera plus son exact opposé ?

Faire la paix…

Ai-je pris un si mauvais chemin pour y parvenir ?

Après avoir si longtemps refusé de souffrir, mes défenses s'amenuisent, tombent les unes après les autres, et plus je m'ouvre plus je ressens vivace la douleur qui me vint d'EUX, comme si elle attendait, tapie en moi, que je la reconnaisse pour prendre tout son pouvoir.

Elle est là, de plus en plus sensible, de plus en plus présente. Ça ne va pas en s'arrangeant…

Comment faire pour l'apprivoiser ? La tuer ?

Je pense à ces petits vieux qui, à la fin de leur vie, ressassent leurs chagrins anciens, sourds à toute consolation, comme si les morts les hantaient de plus en plus. Et si la vie n'a pas été trop mauvaise avec eux par la suite, l'on s'étonne – « Mais qu'est-ce que tu as ? Arrête de pleurer, voyons, c'est Noël… On est là, on t'aime bien, on t'a apporté un châle, des chocolats, tu as tes petits-enfants autour de toi… Oublie tes malheurs, la vie est là qui continue, arrête de pleurer… »

On peut dire ce qu'on veut, pour certains les morts sont plus forts que les petits-enfants.

Est-ce cela qui me guette si je vis jusque-là sans faire mon deuil ?

Il faudrait grandir avant.

Il faudrait...

Mais je rêve tellement d'EUX, encore.

Comment faire pour qu'ils deviennent enfin des morts « normaux » ? Comment faire pour ne plus penser que cette mort à trente ans, cette mort si bête alors que ma sœur et moi avions tant besoin d'eux, n'était pas une épouvantable et révoltante erreur ?

Comment faire pour accepter que cela ait PU être, admettre une mort à laquelle ils n'ont pas cru eux-mêmes ? Mes deux beaux endormis, glissant dans le sommeil, n'ont-ils pas songé qu'ils allaient simplement s'assoupir un moment avant de se relever...

Je ne leur ai pas dédié ce livre car la première page qui m'est venue était une page de colère, une terrible colère sous les airs policés de mes mots, contre leur abandon.

Puis j'écrivis à propos de leur enterrement qu'il fallait qu'ils deviennent « de vrais morts qu'on met dans la terre et qu'on ne voit plus ».

Mais ne plus les voir n'a pas suffi.

Car je n'ai pas arrêté depuis de me battre contre cette mort, de crier en silence après eux, de les garder en moi, statufiés dans mon regret.

Il faudrait à présent – et cette seule pensée m'arrache le cœur – qu'ils deviennent de « vrais morts qu'on n'APPELLE plus ». Ils m'ont quittée, il faudrait maintenant que je les laisse partir de moi, décider que cette manière de vivre avec deux morts en filigrane entre moi et toute chose a fait son temps.

Il faudrait arrêter de se battre, faire la paix. Grandir.

Et je ne peux pas. Je ne veux pas...

Je ne veux pas tuer mon regret. Pour moi qui n'ai conservé aucun souvenir d'eux vivants, n'est-il pas la seule preuve tangible, physique, qu'ils ont existé un jour. N'est-il pas EUX EN MOI ?

Et je tiens là ma seule croyance.

Et ma peur. Ma terrible peur…

J'ai la conviction, la conviction puissante, profondément ancrée en moi, nœud de ma vie, que mon regret intact, si enfantin, vous tient liés à moi, VOUS quelque part. Il vous tient liés à moi, Vous, esprits peut-être torturés encore d'avoir laissé seuls vos enfants. Mon regret vous force à vous occuper de moi. De qui tiendrais-je toutes ces chances qui m'échoient régulièrement depuis que vous êtes morts, sinon de vous ?

Longtemps je me demandai pourquoi j'étais si fermée à la croyance en un Dieu quelconque, à la foi en une entité plus forte que l'humain, secourable.

Comment aurais-je pu croire en un Dieu – un Dieu qui de surcroît aurait permis que vous soyez arrachés à moi, entre autres horreurs dans le monde – puisque vous êtes mes au-delà de l'humain ?

Vous êtes mes Dieux. Mes Dieux à moi.

Et je n'ai de foi qu'en vous.

Alors ne plus vous appeler ?

Laisser grandir en moi cette petite fille de neuf ans qui crie vers vous ?

J'ai tellement peur...

Peur, si je fais mon deuil de votre mort, que vous vous éloigniez de moi, esprits enfin tranquilles – elle est grande, maintenant, elle n'a plus besoin de nous, laissons-la et allons nous reposer enfin, éternellement… –, que vous m'abandonniez encore une fois, seule dans le grand monde sans vous, à me débrouiller toute seule, encore plus seule que dans cette blanche et silencieuse salle de bains, ce matin de mes huit ans où vous étiez par terre à mes pieds.

Vous laisser partir de moi…

J'en hurle intérieurement de froid et de solitude.

Je ne veux pas. Je veux vous retenir.

Je ne veux pas grandir...

Et pourtant il le faut. Il faut faire mon deuil – n'est-ce pas, mon cher et vieil ami ?

Alors vite, vite. Dire mon regret intact, chambre close de chagrin d'enfant pétrifié, déjà de grands courants, pensées mouvantes, s'y engouffrent et font tout bouger...

Mon regret fidèle.

Je ne veux pas qu'il s'estompe, c'est une telle compagnie...

Parfois l'on s'étonne que je puisse passer quelques jours tout à fait solitaire dans un endroit isolé, sans angoisse, sans ennui.

Je ne m'ennuie jamais avec mon regret. Comment sentir le vide, si pleine d'EUX ?

Et moi la première, je m'étonnai souvent de ne jamais éprouver le besoin de meubler le silence par de la musique.

Je n'ai pas besoin de musique. Mon regret chante en moi, bourdonne à mes oreilles, m'emplit la tête, mélopée si doucement obsédante que toute musique alors est en trop.

Il n'est pas de silence, pas de solitude avec un regret pareil au cœur. Il me berce, me tient chaud, m'occupe. Regret de vous comme une petite boule au creux de mon ventre, qui est là, avec moi, perpétuel enfant en gestation. Regrets jumeaux de lui et d'elle, étroitement imbriqués, si vivants en moi. Votre mort m'a rendue à jamais enceinte de vous.

Vous m'habitez.

Je vous aime.

J'en suis là.

Et à constater où j'en suis, le chemin à parcourir pour enfin pouvoir parler d'eux sans pleurer, vingt ans me semblent un délai bien court...

Achevé en Creuse,
septembre 1991

Tirages
Georges Fèvre
et Patricia Legras

RÉALISATION : PAO ÉDITIONS DU SEUIL
IMPRESSION : MAME IMPRIMEURS À TOURS
DÉPÔT LÉGAL : OCTOBRE 1995. N° 23153 (35508)